W0186424

La grande histoire du baccalauréat

Du même auteur

Chez le même éditeur

Une famille corse. 1 200 ans de solitude, coll. « Terre Humaine », prix du livre corse 2018, finaliste du prix Renaudot essai 2018 ; Pocket 2019.

Chez d'autres éditeurs

Histoire

Histoire de la Corse, France-Empire, 1995 ; Tallandier, coll. « Texto », 2019.
Histoire de la Provence, France-Empire, 2004.
Histoire de la Savoie, France-Empire, 2002.
Mémoires de Napoléon, France-Empire, 1998 ; Tohu-Bohu, sous le titre *Moi, Napoléon Bonaparte*, 2021.
Trahir Napoléon, France-Empire, 2014 ; Tohu-Bohu, 2021.
Le Secret de Napoléon, Équateurs, 2021.

Essais

La République prend le maquis, en collab. avec Jean-Pierre Chevènement, Fayard, coll. « Mille et une nuits », 2001.
État. Le grand naufrage, Le Rocher, 2010.
La France n'est pas à vendre, Flammarion, 2016.

Littérature

L'Art du luxe, Hermé, 1991 ; Transbordeurs, 2006.
Bernanos. Le prophète et le poète, France-Empire, 1998.
Colomba 1923, France-Empire, 2001.
Maroc, lumière berbère, Vilo, 2003.
Hexagone trotter, récit d'un voyage à pied de Brest à Bonifacio, Transbordeurs, 2004.
Voyage au cap Corse, Le Garde-Temps, 2004.
La Lumière et le Royaume. Essai sur l'œuvre d'Henri Bosco, Transbordeurs, 2006.
Le Testament du bonheur, Le Rocher, 2016.
La femme qui voulait écrire des romans d'amour, Materia Scritta, 2020.
Ainsi parlait Napoléon, Albin Michel, 2021.

Poésie

L'Or du monde, avec une préface de Vénus Khoury-Ghata, Éditions Melchiori, 2020.

Robert Colonna d'Istria

La grande histoire du baccalauréat

PLON
www.plon.fr

© Éditions Plon, un département de Place des Éditeurs, 2021
92, avenue de France
75013 Paris
Tél. : 01 44 16 09 00
Fax : 01 44 16 09 01
www.plon.fr
www.lisez.com

Mise en pages : Nord Compo (Villeneuve-d'Ascq)
Dépôt légal : mai 2021
ISBN : 978-2-259-30499-3

Le Code de la propriété intellectuelle interdit les copies ou reproductions destinées à une utilisation collective. Toute représentation ou reproduction intégrale ou partielle faite par quelque procédé que ce soit, sans le consentement de l'auteur ou de ses ayants cause, est illicite et constitue une contrefaçon sanctionnée par les articles L. 335-2 et suivants du Code de la propriété intellectuelle.

Introduction

Le baccalauréat est un monument national. Au carrefour de l'enseignement secondaire, des formations supérieures, de la vie active, il est en un peu plus de deux cents ans devenu l'emblème, le point de mire, la vitrine du système éducatif français.

À la fois certification d'un minimum de connaissances, rituel de passage – de l'enseignement secondaire à l'enseignement supérieur, de l'adolescence à l'âge adulte –, instrument de promotion sociale – censé donner accès au monde envié de la bourgeoisie, à ses privilèges, à une vie facile et aisée –, illustration de l'égalité des citoyens – garantie par l'anonymat des copies, des correcteurs extérieurs, le tampon d'un diplôme national –, le baccalauréat a joué et continue de remplir dans la société un rôle symbolique important. Malgré changements, réformes, évolutions, révolutions, cette force symbolique lui assure une place toujours considérable dans le cœur des Français : par-delà critiques, nostalgie et instants de désamour, ils y sont attachés.

Le baccalauréat fait partie de leur patrimoine. Pour ainsi dire de leur patrimoine sentimental.

Le baccalauréat n'est pas qu'un symbole. Il est une institution vivante, patiemment édifiée dans le temps. Depuis deux siècles, il a su s'adapter aux réalités sociales et, d'une certaine manière, il les a façonnées. Sur de multiples plans (intégration dans les études supérieures, préparation à l'insertion dans la vie professionnelle...), il a joué un rôle concret : il est inséparable des grandes transformations économiques et sociales du pays. Quant à sa valeur, perpétuellement discutée, remise en question, idéalisée, dénigrée, elle a résidé dans sa capacité, au fil du temps, à remplir les fonctions qu'on lui a assignées et à tenir les promesses qu'on lui a prêtées.

Le baccalauréat évolue. Depuis sa création, il est le « premier grade de l'enseignement supérieur » – raison pour laquelle, singularité française, il n'y a théoriquement pas de sélection à l'entrée des filières universitaires. En réalité, sur la longue distance, le diplôme s'est pratiquement transformé en « certificat de fin d'études secondaires ». L'université, dont il procède et dont il dépend en théorie, y est en pratique très peu impliquée, alors que précisément il y donne accès.

Autre phénomène de longue durée : la massification du baccalauréat. Réservé à une minuscule élite au départ – la première promotion de bacheliers comptait 31 personnes ! –, le diplôme n'a d'abord concerné que peu de monde, 4 000 personnes en 1850, 6 000 autour de 1900, 12 000 en 1936. Autant dire des proportions insignifiantes de la population dans son ensemble. Depuis la fin de la Seconde Guerre mondiale, le nombre de bacheliers ne cesse d'augmenter, 30 000 diplômés par an au lendemain de la guerre, 200 000 en 1975, près de 500 000 en l'an 2000, près de 750 000 aujourd'hui, chiffres représentant environ 10 % d'une génération en 1950, 22 % en 1975, 64 % en 2000. L'objectif proposé par Jean-Pierre Chevènement, conduire 80 % d'une classe d'âge « au niveau » du baccalauréat, a été atteint en 2011.

Ces chiffres tiennent compte d'une réalité nouvelle. Derrière l'unité symbolique du baccalauréat (grade universitaire identique et identique accès à l'enseignement supérieur), il y a en fait *des* baccalauréats, dont publics, enseignements, débouchés, vocations – et perception par la société – sont différents. Ces multiples baccalauréats (général, technologique, professionnel) ne jouent pas dans la société le même rôle. Derrière le mot, il y a des réalités diverses, et de fait une hiérarchie entre les baccalauréats.

Au total, s'il demeure un point relativement stable dans le paysage éducatif et social français, le baccalauréat s'adapte et se transforme.

Le bac, pour quoi faire ?

À quoi sert le baccalauréat ? À quoi, depuis deux cents ans, a-t-il servi ? Comment a évolué ce diplôme ? Quel est-il aujourd'hui ? Comment est perçu le baccalauréat, comment sont perçus les bacheliers ? Quelle valeur pratiquement et symboliquement reconnaît-on à ce diplôme et à ceux qui le décrochent ? Le baccalauréat permet une intégration dans la société, mais à quel niveau, pour quoi faire, pour quel statut, pour quelle reconnaissance sociale ? Le baccalauréat – le bac, comme on dit familièrement, ou le bachot, comme on disait autrefois – se déprécie-t-il au fil du temps ? Perd-il de sa valeur ? Il semble que l'idée « c'était mieux avant » est presque consubstantielle au baccalauréat : qu'en est-il ?

Quelle est – quelle a été – l'utilité du baccalauréat sur le plan individuel ? Quelle est-elle – quelle a-t-elle été – sur le plan national ? Le baccalauréat constitue-t-il toujours un marchepied pour accéder à l'ascenseur social ? Est-il toujours le premier pas d'une rupture entre société traditionnelle et monde moderne ? Jacques Marseille tenait le baccalauréat pour un « monument d'hypocrisie nationale », un « instrument d'inégalité sociale » : qu'en a-t-il été ? Qu'en est-il ? Quelle est son efficacité aujourd'hui ? Sur le plan de la construction de la nation, de la France contemporaine, sur le plan de sa cohésion et de son identité, quel rôle a joué le baccalauréat ? Pourrait-on imaginer une France sans baccalauréat ? Quel bac pour demain ?

Une histoire dense

Pour répondre à ces interrogations, l'histoire du baccalauréat est éclairante. Longue histoire jalonnée de moments saillants, de réformes perpétuelles, de débats enflammés, de psychodrames, de noms, illustres ou oubliés.

Quelques repères : création du diplôme en 1808 ; instauration d'épreuves écrites obligatoires (1840) ; création des bacs ès lettres, ès sciences et en droit (1852 ; cette distinction disparaîtra en 1890 pour réapparaître, sous une autre appellation, en 1902) ; en 1861, Julie-Victoire Daubié est la première femme à obtenir le baccalauréat ; 1874 : division du baccalauréat en deux séries d'épreuves, qui ont lieu sur deux années (les « deux baccalauréats » dont les épreuves anticipées de français, à la fin de la classe de première, constituent le vestige) ; 1881 : introduction dans les épreuves du baccalauréat d'une composition française (jusque-là, les compositions étaient en latin) ; en 1924, les filles sont admises à passer les mêmes épreuves que les garçons ; 1966 : création des séries A (philosophie et lettres), B (économique et social), C (mathématiques et sciences physiques), D (mathématiques et sciences de la nature), qui prennent la place des anciens bacs Philosophie, Mathématiques élémentaires et Sciences expérimentales (qui ont eu cours de 1902 à 1967), et qui, en 1995, seront remplacées par les sections S, L et ES ; 1969 : instauration d'une épreuve anticipée de français ; création en 1968 des séries T, technologiques, qui débouchent sur les IUT créés dans le même temps ; 1985 : instauration des filières professionnelles, etc.

Chacune de ces réformes – y compris celle proposée en 2020 par Jean-Michel Blanquer, ministre de l'Éducation nationale –, a toujours divisé, et parfois passionnément, hommes politiques et parties prenantes au baccalauréat, enseignants, administration de l'Éducation nationale, syndicats, parents d'élèves, candidats, anciens diplômés..., chacun s'estimant mainteneur du bien, du vrai et du bon bac. Chacun pensant être porteur des bonnes réponses à toutes les questions posées autour du diplôme.

L'histoire de France vue à travers l'histoire du baccalauréat

L'histoire officielle du baccalauréat est indispensable, intéressante. Mais ingrate. Elle se réduit à un ensemble de textes législatifs et administratifs – lois, ordonnances, décrets, arrêtés, rapports et discussions parlementaires, circulaires, instructions, plans d'études et programmes, comptes rendus des débats du Conseil supérieur de l'Instruction publique, rapports d'enquêtes officielles, etc. –, ensemble indigeste qui donne effectivement d'utiles aperçus des tendances pédagogiques et des évolutions sociales. Jean-Benoît Piobetta, auteur d'une thèse sur le sujet en 1937 – aucun travail, depuis, n'a égalé le sien –, avait à l'époque recensé pas moins de 1 316 textes officiels concernant la législation de l'examen et ses programmes ! L'histoire officielle du baccalauréat pourrait également s'écrire avec des chiffres et des séries statistiques.

Il ne saurait être question – ce serait aride et fastidieux, un peu vain – d'aborder l'histoire du baccalauréat et sa place dans la société sous cet angle-là.

Certains de ces textes, certaines de ces statistiques sont néanmoins utiles, pour servir de repères, de jalons. À l'occasion, ils seront ici reproduits, à petite dose.

Épreuve individuelle, moment de la vie nationale, révélateur de l'histoire de la France contemporaine, le baccalauréat est surtout instructif par sa dimension humaine. Comme à un certain nombre d'institutions, le cas échéant discutées ou désuètes, les Français sont attachés au bac. En souvenir de leur inquiétude, de leur stress, des efforts accomplis pour préparer les épreuves, en souvenir de leur joie, de la conscience que la réussite à cet examen a conditionné leur vie, les Français entretiennent avec le diplôme une relation affective, pour ainsi dire charnelle. Il n'est que de voir la place dans les actualités, notamment télévisées, prise chaque année en juin-juillet par les épreuves ou les résultats : le baccalauréat est un événement. Les Français y tiennent : pas question de le faire disparaître du paysage.

Sans doute, savoureuses et instructives, une multitude d'histoires individuelles en relation avec le baccalauréat raconteraient-elles davantage et infiniment mieux la réalité du diplôme qu'une décourageante montagne de lois et décrets ou une suite de séries statistiques. C'est l'intention qui inspire cette *Grande Histoire du baccalauréat* : sans négliger les aspects institutionnels, tenter d'entrevoir l'histoire du baccalauréat telle qu'ont pu en connaître tous ceux, candidats, bacheliers, anciens lauréats, qui depuis deux cents ans se sont confrontés à l'épreuve ; tous ceux, du ministre au surveillant, qui participent à l'organisation de ce rendez-vous annuel et concourent à la bonne marche des choses ; tous ceux, de l'instituteur au professeur de terminale qui entretiennent la flamme de l'éducation et de l'instruction, et, de loin ou de près, aident les candidats à se préparer au baccalauréat ; tous ceux, familles, parents, grands-parents, amis, proches des candidats, voire autrefois le maire du village, dont la vie est changée par la réussite à l'examen, ou qui en retirent, du moins, fierté ou émotion. Cette *Grande Histoire* est composée à la manière d'un album de photos de famille, qui traverserait le temps : dans les mêmes décors, transformés au fil des âges, on voit se succéder les générations.

Pour raconter la grande histoire du baccalauréat, il importe, en somme, moins d'être historien à l'état pur que journaliste – pour réunir toutes sortes d'informations et de témoignages –, voire romancier – pour tenter de comprendre l'histoire du baccalauréat à travers les innombrables sentiments qui, depuis deux siècles, ont pu traverser l'esprit de ceux qui ont approché cet obstacle. Pour raconter cette longue chronique, sans doute importe-t-il de mettre en scène non des textes froids mais des gens, des hommes et des femmes, de s'efforcer de les saisir à un moment qui a compté pour eux, celui où ils se sont affrontés à cette épreuve rituelle, ou qui, à des titres divers, ont œuvré pour qu'elle se déroule bien.

Vu de ma lorgnette

Sauf ma grand-mère maternelle, née au tout début du XXe siècle, mes grands-parents avaient vu le jour au XIXe siècle. Le plus âgé, mon grand-père paternel, était né en 1881, la plus jeune en 1901. Trois sur quatre ont eu leur baccalauréat. Deux sont devenus médecins, la troisième a été pharmacienne.

Leurs parents, mes huit arrière-grands-parents, étaient nés entre 1840 et 1872. Deux avaient obtenu le baccalauréat. L'un, qui avait ensuite poursuivi des études de droit, était devenu receveur de l'enregistrement, l'autre professeur de lettres.

Si je remonte un peu plus haut, je ne sais plus. J'imagine qu'il n'y avait pas beaucoup de bacheliers. Les gens vivaient dans leur coin, sans se soucier d'études et de diplômes. En matière d'instruction, ils se contentaient de la formation élémentaire dispensée vaille que vaille par les maîtres de l'école ou du collège du coin, ils se satisfaisaient des traditions locales, de quelques lectures, des croyances en usage, des savoirs – et de l'éducation – qui se transmettaient de génération en génération. Ils n'imaginaient pas une autre vie que celle promise par la position sociale assignée par la naissance. Rongeaient-ils leur frein, tous ces non-bacheliers, en rêvant d'ambition et en regrettant de se trouver où le destin les avait posés ? Dans l'ignorance d'autre chose, tous ces petits propriétaires ruraux, pas sots, pas incultes, mais non diplômés, sans doute étaient-ils heureux.

Pour tous ces primo-bacheliers – je désigne ainsi des personnes qui ont été les premières de leur lignée à obtenir le baccalauréat –, leur réussite à l'examen a marqué une rupture avec leur milieu traditionnel d'origine – avec leur liquide amniotique – et le premier pas vers une autre vie, en général confortable sur le plan matériel. Cette réussite les a fait passer d'une vie rurale savoureuse, communautaire, mais impécunieuse, à une vie urbaine, à la fois plus anonyme et plus brillante, placée sous le signe de la sécurité, voire d'une petite aisance.

Pour ces raisons, ces primo-bacheliers avaient de l'admiration, de la reconnaissance, une espèce de vénération, pour le baccalauréat. C'est avec ce diplôme que tout avait commencé, estimaient-ils, une vie nouvelle, plus ouverte, moins confinée, plus large, un essor pour eux et leur lignée. Les autres – ceux du village où ils vivaient – portaient sur ces primo-bacheliers un regard mêlé d'envie et de pitié. Envie pour leurs conditions de vie confortables, moins pénibles, valorisantes, et pitié pour ces parents dénaturés, coupés de leurs racines, de leur pays, de ce qui fait la saveur de la vie. Grâce au baccalauréat – ou à cause du baccalauréat, disaient les ruraux –, les rats des champs étaient devenus des rats des villes.

Nés à la fin du XXe siècle, mes enfants sont, eux, tous bacheliers. Ils n'auraient pas imaginé ne pas l'être, et personne autour d'eux n'aurait imaginé qu'ils ne le fussent pas : ils ont « passé leur bac », comme leur permis de conduire, pour la raison qu'il était inconcevable d'avancer dans l'existence sans ce – modeste – bagage. Ils ont été heureux de réussir cet examen, mais je n'ai pas le souvenir à l'annonce des résultats, chez eux ou chez leurs camarades, d'une joie délirante. Tout au plus un sentiment de chance, pour ceux qui avaient eu chaud aux plumes comme on dit, ayant réussi avec l'impression de n'avoir pas fait beaucoup d'efforts pour le mériter... Le baccalauréat – c'était l'époque – avait perdu de sa solennité, de son prestige. Et de son utilité réelle. Deux de mes enfants se sont inscrits en classe préparatoire ; leur admission avait été décidée au vu de leur bulletin scolaire, bien avant les résultats du baccalauréat, par tous tenus pour une formalité. Un autre de mes enfants a voulu être médecin, a donc dû passer à la fin de sa première année de médecine après le bac un concours extrêmement sélectif, véritable porte d'accès aux études supérieures. Parcours identique à celui de la dernière de mes enfants, qui a poursuivi des études de droit, caractérisées par un tir de barrage impitoyable en fin de première année et une sélection stricte pour accéder à de bons masters.

Pour beaucoup de jeunes gens de leur génération – et de leur milieu –, l'examen était devenu une formalité, une évidence. Il avait pris la place occupée trente ou quarante ans plus tôt par le « brevet » – qu'à mon époque on appelait BEPC, brevet d'études du premier cycle, et qui deviendra brevet des collèges. Pour mes enfants, le baccalauréat n'a représenté nulle rupture dans leur mode ou leur style de vie. Au contraire. Pour eux, enfants et petits-enfants de personnes convenablement insérées dans la société – CSP plus, disent les classements sociologiques –, le baccalauréat a été, sinon la garantie, du moins une condition indispensable pour continuer à vivre à un bon niveau dans la société, pour bénéficier d'acceptables conditions matérielles, intellectuelles, culturelles.

En cent ans, un instrument de promotion sociale est devenu un outil de reproduction sociale.

*

Le texte ci-après est organisé autour de trois grandes parties, relativement autonomes les unes par rapport aux autres – comme les différents chapitres et points qui les composent sont relativement indépendants les uns des autres. Aussi le livre peut-il se parcourir du début à la fin, comme un essai ou un roman, mais peut-il également se consulter en piochant au hasard des rubriques, comme un dictionnaire (amoureux) du baccalauréat…

La première partie montre comment le baccalauréat s'est constitué, comment patiemment cette institution a pris forme. Ce sont les fondements du monument.

La deuxième partie évoque la place du baccalauréat dans la vie des Français, dans leur quotidien et dans leur imaginaire. Elle raconte l'histoire – plus exactement des histoires – survenue dans le monument et autour de lui.

La dernière partie décrit les problèmes posés par le baccalauréat depuis une cinquantaine d'années et les réformes actuelles. Elle tente de répondre à la question : à quoi peut servir un monument historique aujourd'hui ?

I

Installation du baccalauréat dans le paysage social français

1808-1945

1808
Création du baccalauréat

Naissance de l'université

Le baccalauréat est institué par le décret impérial du 17 mars 1808 « portant organisation de l'Université ».

« Article 16. Les grades dans chaque faculté seront au nombre de trois, savoir : le baccalauréat, la licence, le doctorat.

Article 19. Pour être admis à subir l'examen du baccalauréat dans la faculté des lettres, il faudra : 1) être âgé d'au moins seize ans ; 2) répondre sur tout ce qu'on enseigne dans les hautes classes des lycées.

Article 22. On ne sera reçu bachelier dans la faculté des sciences qu'après avoir obtenu le même grade dans celle des lettres [...].

Article 26. À compter du 1er octobre 1815, on ne pourra être admis au baccalauréat dans les facultés de droit et de médecine sans avoir au moins le grade de bachelier dans celle des lettres. »

Les « hautes classes » du lycée correspondent aux actuelles classes de première (qu'on appelait de rhétorique) et de terminale (la classe de philosophie, dont l'abréviation « classe de philo » a longtemps subsisté).

Quant au mot « baccalauréat », son origine – confuse et controversée – serait une locution latine, *bacca laurea*, « baie de laurier », autre nom de la *corona triumphalis*, couronne triomphale, distinction honorifique symbolisant la gloire de son porteur. En latin tardif, l'expression se change en *baccalaureatus*, désignation du « degré de bachelier donné dans les universités ». Le mot « bachelier » a une autre origine : avant sa signification universitaire – en vigueur depuis le XIVᵉ siècle –, il désigne un « jeune noble aspirant à devenir chevalier ».

D'emblée, le baccalauréat se trouve au cœur du système éducatif. Son nom le rattache à l'Antiquité et au Moyen Âge, sa fonction le situe à la charnière du lycée – créé par Bonaparte en 1802 –, où est dispensé l'enseignement secondaire, et de l'université, instituée par le décret du 17 mars 1808, chargée de l'enseignement supérieur.

De plus, le laurier qui couronne symboliquement chaque lauréat fait de l'examen une épreuve, un rite de passage, et de chaque réussite une victoire. Par-delà crises et évolutions, cette connotation perdure. Il est amusant de constater que le mot « bac » par lequel on appelle souvent le baccalauréat désigne également une embarcation qui permet de passer de la rive d'un fleuve à l'autre… Quel passage permet donc le bac ? De l'enfance et la jeunesse vers l'âge adulte, mais surtout il représente l'accession à une identité propre et à la dignité nationale. L'examen va devenir instrument de reconnaissance et de pouvoir des classes sociales montantes, qui avaient aboli les privilèges liés à la naissance, au titre ou à la fortune.

Au cœur de la réforme de l'éducation

L'éducation fait partie des grandes réformes administratives de Napoléon. « De toutes nos institutions, la plus importante est l'Instruction publique. Tout dépend d'elle, le présent et l'avenir », assure-t-il devant le Conseil d'État. Comme en d'autres domaines, il a tenté de mettre un peu d'ordre dans cette affaire, en essayant de conserver – ou de retrouver – ce qu'il y avait de bien dans l'Ancien Régime, et en s'efforçant de mettre en œuvre les principes de 1789 qui lui semblaient bons, en gros : « liberté, égalité, fraternité », qui vont être gravés au fronton des établissements d'enseignement.

Quand Bonaparte arrive au pouvoir, à la fin de 1799, les collèges comptaient moins de 15 000 élèves, soit le quart des élèves inscrits dans les collèges dix ans plus tôt à la fin de l'Ancien Régime. Une vraie catastrophe. Le clergé avait été décimé et avec lui avaient disparu les collèges dont il s'occupait. « La jeunesse est comme abandonnée à elle-même », avait constaté l'abbé Sieyès. La situation des collèges était une source de préoccupation d'autant plus grande que l'université, elle aussi mise à bas par la Révolution, n'était pas dans une situation brillante. Il était urgent d'agir. De tout reconstruire. Et d'abord les lycées – qui prendront la place des collèges –, où seront formées les élites du pays.

À en croire le ministre Chaptal, interprète de la pensée de Napoléon, le lycée a vocation d'apporter « les connaissances premières nécessaires à ceux qui sont appelés à remplir des fonctions publiques, à exercer des fonctions libérales ou à vivre dans les classes éclairées de la société ». Les lycées – avec les préfets, le code civil, la Banque de France, etc., une des « masses de granit » que le Premier consul a « jetées sur le sol de la France » – sont régis par une loi de 1802 et financés par l'État. Est institué un lycée par arrondissement de tribunal d'appel. L'enseignement est payant (avec de nombreux boursiers). Le lycée reprend aux collèges de l'Ancien Régime le modèle d'organisation des enseignements en cours successifs et gradués, avec une prédominance des lettres (et du latin) sur les sciences : on trouve successivement les classes de grammaire (cinquième, quatrième), d'humanités (troisième, seconde), de rhétorique (première), de philosophie (bac) ou de mathématiques spéciales (pour les élèves se dirigeant vers les écoles spéciales ; ce n'est que là qu'on trouve des enseignements de physique, chimie, sciences naturelles). La culture visée par le lycée se veut « inutile et hors du siècle ». L'élève entre au lycée à neuf ans, en classe de huitième, en sachant déjà lire, écrire et compter. À l'issue de la classe de troisième, l'élève peut s'orienter (déjà !) vers les écoles spéciales de droit ou vers les écoles militaires. Le lycée est dirigé par un proviseur, un censeur et un procureur gérant. Les lycées sont placés sous le contrôle de deux inspecteurs généraux, institués à cette époque. Les enseignants (régents) forment un corps au service de l'État. C'est la première fois dans l'histoire de France que l'État se fait directement pédagogue, directeur d'établissement et maître d'internat. Il prend la place de l'Église : ses fonctionnaires, au fil du temps, remplissant les mêmes fonctions dans la société, vont prendre celle du clergé. « Il n'y aura pas d'État politique fixe s'il n'y a pas un corps enseignant avec des principes fixes », assure Napoléon. Un corps d'inspecteurs généraux est créé pour veiller au bon fonctionnement du système à travers tout le territoire, partagé en académies. Organisés de manière très centralisée et pour ainsi dire militaire, les lycées sont soumis à une discipline austère. « Cette caserne était aussi un couvent », résumera l'historien Alphonse Aulard, soulignant que l'univers des lycées – on ne parlait pas encore d'Éducation nationale – constituait une grande famille, comme l'Église. « J'ai organisé l'Université en corps parce qu'un corps ne meurt jamais et parce qu'il y a transmission d'organisation, d'administration et d'esprit », dira Napoléon. Au XIXe siècle, les lycées accueillent seulement de 2 à 3 % de la population. Chaque lycée devait recevoir au maximum 500 élèves, afin que le proviseur et ses collaborateurs puissent exercer sur les élèves une action profonde et efficace. Il y en aura 36 en 1812, 46 en 1843, 81 en 1868.

Restaurée en 1806 (les universités avaient été supprimées par la Révolution) et organisée en 1808, l'université est destinée à tirer l'ensemble du système éducatif vers le haut, en donnant en particulier aux lycées une unité de programmes. Elle est placée sous l'autorité d'un grand maître, assisté d'un conseil de 30 membres et de deux inspecteurs généraux. C'est ce conseil qui établit la liste des établissements d'enseignement et la liste des grades universitaires. L'université comporte cinq facultés : théologie catholique et protestante, droit, médecine – qui avaient existé sous l'Ancien Régime –, lettres et sciences, nouvellement créées. Pour accéder à ces facultés, il faut être titulaire d'une « maîtrise ès arts » dispensée par la faculté de lettres. Sous l'Ancien Régime, ces « arts » étaient la grammaire, la rhétorique, la dialectique, la géométrie, l'arithmétique, la musique, l'astronomie. C'est cette « maîtrise ès arts » qui est nommée « baccalauréat » et deviendra le « baccalauréat ès lettres », premier grade universitaire. Être admis au baccalauréat, c'est en réalité être admis à présenter les épreuves du baccalauréat. En apportant la garantie, avec une attestation du chef d'établissement, qu'on avait suivi la classe de rhétorique, ou la preuve que l'on avait suivi des études chez soi, qu'on appelait « domestiques ».

Pour la première session du baccalauréat, en 1809, les épreuves sont uniquement orales, sous forme d'une discussion à bâtons rompus avec un jury portant sur les auteurs grecs et latins, l'histoire, la géographie, la philosophie. Plusieurs candidats sont examinés en même temps. L'épreuve dure de trente à quarante-cinq minutes. Les examinateurs sont tous universitaires. Les membres du jury votent pour chaque candidat en attribuant non une note mais une appréciation, « très bien », « bien », « assez bien » ou « mal », ancêtre des mentions. À partir de 1854, les membres du jury ne se prononceront plus avec des appréciations, mais avec des boules : une boule blanche pour un avis positif, rouge pour une abstention ou un avis moyen, noire pour un avis défavorable. Si le candidat a une majorité de boules défavorables, on le dira *blackboulé*, terme d'origine vaguement anglaise entré dans la langue française au milieu du XIXe siècle. D'aucuns prétendent que l'expression « avoir les boules », aux origines peu claires, pourrait venir de ce mode d'évaluation. « Tu as ton bac ? – Non, j'ai les boules. » Sous-entendu les boules noires. Rien n'étaye cette explication amusante. Cette pratique – le vote avec des boules – élève l'examen au niveau d'un rite, et laisse entendre que le monde auquel il donne accès est un club, une caste, une société de privilégiés. La première promotion a compté 31 bacheliers, on l'a dit. Il y en aura 666 l'année suivante, plus d'un millier en 1812, plus de 2 000 en 1816.

Loin de sanctionner les années d'études passées au lycée, le diplôme du baccalauréat était bien conçu comme le premier grade universitaire, ce qu'il demeure en théorie aujourd'hui – même s'il ne s'agit plus que d'une fiction ; on y reviendra. Les premières années, le taux de réussite est très élevé, les établissements secondaires n'autorisant à se présenter que les très bons élèves, mais le grade n'est pas donné à tout le monde. Il y a des échecs, qu'on peut réparer en présentant l'épreuve à une session ultérieure.

Le baccalauréat était né. Il deviendra « une institution sociale et politique de grande conséquence, et les effets qu'il produit à ce titre dépassent de beaucoup en étendue et en gravité ses effets pédagogiques », pour reprendre les mots d'Émile Boutmy en 1899, au moment où se dresseront les premiers bilans.

Le triomphe des belles-lettres

Aux côtés de Napoléon, le principal artisan de la création et de l'organisation de l'université – et donc le créateur du baccalauréat – est Antoine-François Fourcroy (1755-1809), chimiste, député à la Convention, conseiller d'État, directeur de l'Instruction publique. Scientifique de haut niveau – professeur de chimie au Jardin du Roi, il est admis à l'Académie des sciences en 1787, il a collaboré avec Lavoisier, en 1782, à la nouvelle nomenclature chimique –, il adhère aux idées de 1789, et, élu à la Convention, prend une part décisive aux réflexions sur l'organisation de l'instruction. Le 21 février 1795, il présente un rapport sur la création d'une École centrale des travaux publics, qui devait devenir l'École polytechnique (loi du 15 fructidor an III : 1er septembre 1795). Il entre à l'Institut, dès sa création (octobre 1795), dans la section de chimie, dont il est élu président en 1797. Nommé au Conseil d'État sous le Consulat, il participe à l'élaboration de la loi du 11 floréal an X (1er mai 1802) sur l'instruction publique, puis succède à Roederer à la Direction générale de l'instruction publique, le 20 septembre 1802, chargé des textes d'application de la loi du 11 floréal. Cette loi prévoyait des écoles primaires, des écoles secondaires (de la sixième à la seconde), des lycées (terminales) et des écoles spéciales. Fourcroy travaille à l'organisation des six écoles de médecine (il avait suivi des études de médecine ; c'est lui qui a inventé l'enseignement hospitalo-universitaire, toujours en vigueur), des écoles de pharmacie, des douze écoles de droit, d'une trentaine de lycées et de 300 collèges communaux : il mène à bien un travail immense.

Fourcroy se consacre ensuite au principe d'un corps d'enseignants formant l'« Université impériale ». Elle est créée par la loi du 10 mai 1806. Il reste à l'organiser, en académies, facultés, écoles primaires et secondaires, avec le nombre d'enseignants, les budgets, etc. Napoléon dicte son projet le 28 janvier 1808 et charge Fourcroy de rédiger une annexe destinée à en régler tous les détails. Les séances de travail avec Napoléon sont épuisantes, durent parfois dix heures consécutives. Une tâche écrasante ! « Je n'en puis plus, disait Fourcroy, cet homme me tue ! », tout en reconnaissant son « inégalable génie réformateur ». La dernière rédaction – il y en eut 23 – est adoptée par le Conseil d'État le 5 mars 1808 et, enfin, l'Empereur signe donc, le 17 mars 1808, le décret n° 3179 organisant l'Université impériale, qui compte 19 titres et 144 articles, et prévoit la création du baccalauréat.

Quand il s'est agi de placer quelqu'un au sommet de cet édifice, un « grand maître de l'Université », malgré le travail considérable accompli par le savant, Napoléon à Fourcroy – qu'il tenait pour un « révolutionnaire mal repenti » – a préféré le marquis Louis de Fontanes (1757-1821). À l'inverse de son rival jacobin, ce conservateur modéré, qui était poète, protecteur de Chateaubriand, incarnait la résistance aux Lumières et à la dérive totalitaire de la Révolution française. Il était pour tout ce qui « conserve et perfectionne », et contre toute « audace qui détruit ». Député en 1802, membre de l'Académie française en 1803, membre du Corps législatif en 1804, président de cette assemblée en 1805, orateur attitré des grandes circonstances – c'est à lui que le Premier consul avait demandé de prononcer l'éloge funèbre de Washington –, Fontanes était très lié à Lucien Bonaparte et amant d'Élise Bonaparte, sœur de l'Empereur, grande-duchesse de Toscane. L'enjeu de la nomination était de taille : la formation et l'esprit des jeunes générations. Fourcroy représentait l'idéologie et les sciences, Fontanes incarnait les belles-lettres et le catholicisme.

Sénateur et grand maître de l'Université, Fontanes entra rapidement en conflit avec Napoléon, souhaitant pour les étudiants une formation plus humaniste que scientifique et technique, comme le préconisait l'Empereur. Conservateur de conviction et de tempérament, il favorisa l'Église en lui permettant de reprendre, dans une certaine mesure, sa place dans l'enseignement. Malgré les adulations dont il l'avait couvert, Fontanes vota en 1814 la déchéance de l'Empereur et fut absent lors des Cent-Jours.

À Sainte-Hélène, dans ses confidences à Las Cases, Napoléon se reprochera amèrement son choix. Fontanes ? « Homme d'esprit, mais petite tête », dira-t-il. « Mon Université, telle que je l'avais conçue, était un chef-d'œuvre dans ses combinaisons, et devait en être un dans ses résultats nationaux. Un méchant homme m'a tout gâté, et cela avec mauvaise intention et par calcul sans doute. [...] Si je ne l'eusse retenu, il nous aurait donné l'éducation de Louis XV, nous aurait fait des marquis ; or ils ne sont bons qu'à la comédie. »

La prépondérance « littéraire » qui a longtemps caractérisé l'enseignement français date de Fontanes. C'est à lui que la France doit la prééminence du latin dans l'enseignement secondaire – et sa place capitale au baccalauréat jusqu'à la fin du XIXe siècle –, ce qui va avoir pour effet de détourner les élites du monde technique – à l'heure de la révolution industrielle cela a été ballot ; ce dont Bismarck après 1870 ne manquera pas de se gausser. C'est également à Fontanes – en partie – que la France doit la rivalité, stérile, entre enseignement confessionnel et enseignement public, chacun au fil du temps s'estimant investi d'une légitimité inattaquable, d'une juste vision de la société et du monde, alors que Napoléon, dans son projet d'Université impériale, avait précisément veillé à ce que cette belle institution, à l'image de l'armée par exemple, amalgamât l'ensemble des composantes de la société française.

L'actuel lycée Condorcet, à Paris, qui, de 1805 à 1815, était lycée impérial Bonaparte, s'est un temps, de 1874 à 1883, appelé lycée Fontanes.

1820
Le bac fait son entrée dans le monde – et dans l'histoire

Premières modifications des épreuves

À la fin de l'Empire, la Restauration maintient le baccalauréat : le diplôme est appelé à traverser régimes et bouleversements politiques. Douze ans après sa création, les modalités de l'examen du baccalauréat ès lettres sont cependant précisées, les programmes modifiés. Ce n'est qu'un début. Entre 1820 et 1850, plus de 70 décrets, ordonnances et règlements vont modifier les modalités d'examen du baccalauréat. C'est une constante de l'histoire de cet examen : permanence du diplôme, mais changements incessants – parfois difficilement compréhensibles, parce qu'il s'agit de remaniements et d'ajustements de détail, sans vues d'ensemble vraiment renouvelées – dans ses modalités pratiques, reflet de son adaptation aux besoins de la société.

L'ordonnance du 31 octobre 1815 a adjoint au jury, jusque-là composé de professeurs à la faculté de lettres, des membres d'une commission d'examen spécialement créée pour l'événement.

L'ordonnance du 5 juillet 1820 a précisé que, « à compter du 1er janvier 1821, nul ne pourra s'inscrire dans une faculté de droit ou de médecine sans avoir obtenu le grade de bachelier ès lettres ».

Décret du 13 septembre 1820 : « Article 3. À compter de la rentrée prochaine, l'examen pour le baccalauréat ès lettres aura pour objet les auteurs grecs et latins, la rhétorique, l'histoire, la géographie et la philosophie. Article 4. Trois examinateurs au moins prendront part à chaque examen. Article 5. Les examens seront publics et annoncés d'avance par des affiches aux portes extérieures de l'édifice où siège la faculté ou la commission d'examen. Article 6. Ils dureront au moins trois quarts d'heure pour chaque candidat. »

La circulaire du 19 septembre 1820, précise la mise en œuvre de ces dispositions, et pose le principe que le baccalauréat ès lettres « va ouvrir l'entrée à toutes les professions civiles et devenir par conséquent pour la société une garantie essentielle de la capacité de ceux qu'elle admettra à servir ».

Décret du 13 mars 1821 : « Article 4. À compter du 1er octobre 1823, l'examen sur la philosophie se fera en latin. Article 5. À compter de la même époque, tous les candidats devront répondre sur les éléments de sciences mathématiques et physiques. Article 6. Les objets de l'examen seront tirés au sort. On rédigera à cet effet un tableau, en trois séries de questions qui pourront être proposées sur les matières énoncées aux articles précédents. La première série embrassera la connaissance des auteurs grecs et latins et la rhétorique ; la deuxième, l'histoire et la géographie ; et la troisième, la philosophie. On déposera dans les trois urnes des boules portant des numéros correspondant à chacune de ces questions, et chaque boule qui sera extraite des urnes indiquera la question à laquelle le candidat devra répondre. Article 7. On n'examinera qu'un seul candidat à la fois, et la durée de l'examen sera de trois quarts d'heure. »

Par le règlement du 25 septembre 1825, le Conseil royal de l'instruction publique crée à côté du baccalauréat ès sciences proprement dit un baccalauréat ès sciences physiques et naturelles pour les candidats se destinant aux études médicales : pour devenir médecin, il ne suffira plus d'être incollable sur Platon, il faudra aussi connaître Hippocrate...

Deux informations à retenir de tout cela : la valeur sociale de l'examen est reconnue, son programme alourdi.

Un cérémonial solennel

Jean-Benoît Piobetta a décrit le cérémonial de l'examen au début du XIXe siècle. La session s'ouvre le 1er août – à certains moments, pour traiter le nombre des candidats, il y aura jusqu'à trois sessions par an, août, décembre, avril, chacune durant deux ou trois semaines. L'examen, auquel président les universitaires, se déroule devant un public « estimable », professeurs de lycées, lettrés, personnalités de l'académie.

Il débute par l'examen des aspirants au doctorat, se poursuit par celui des aspirants à la licence, les aspirants au baccalauréat fermant la marche. Ces derniers ont donc devant eux trois urnes contenant des boules numérotées, ils en tirent au sort le sujet sur lequel ils vont être interrogés.

Une fois la session achevée, les examinateurs se retirent pour délibérer et votent à bulletin secret sur chaque candidat. Une fois le nom des admis proclamé publiquement par le doyen de la faculté ou par l'enseignant le plus âgé, le diplôme établi sur parchemin est remis au titulaire. Il lui est remis au nom du chef de l'État, successivement empereur ou roi.

Ces pratiques, tout au long du XIXe siècle, vont faire la joie des caricaturistes, qui ne manqueront pas de souligner le caractère pompeux et désuet de la mise en scène, et notamment l'opposition entre les malheureux candidats, désarmés, et les jurys, tout-puissants.

Examen et diplôme sont payants. À la création du baccalauréat, les candidats doivent verser 60 francs auxquels s'ajoutent 2 francs à payer à l'appariteur pour « loyer de robe ». De nouveaux droits sont à verser, en cas d'échec, si le candidat repasse les épreuves, et 5 francs sont à payer encore, en cas de perte, pour l'établissement d'un duplicata du diplôme. Ces sommes servent à rémunérer les examinateurs et à faire face aux frais d'organisation de l'examen.

Une perspective pour la bourgeoisie montante

Que valide le baccalauréat ? Une intelligence ? Une méthode de travail ? Des connaissances ? Un savoir-faire pour accéder à un métier ? Depuis deux cents ans, ces questions ne cessent de se poser. Chaque époque y apporte les réponses qu'elle peut… Au début du XIXe siècle, l'enseignement secondaire apprend à un jeune appelé à s'installer dans la société tout ce qu'il doit savoir pour tenir son rang dans les assemblées publiques ou dans les salons. Le programme du baccalauréat ès lettres est conçu à cette fin : briller en société. Il ne s'agit pas de réfléchir, d'exercer son esprit critique, de faire preuve d'originalité de pensée, mais de prouver une culture, celle de la bourgeoisie en train de s'installer. Elle est à base des grands classiques de la littérature grecque et latine ; elle valorise les hautes valeurs morales que transmet cette littérature : courage, honneur, fidélité, liberté, amour du beau, sacrifice de soi… Un homme cultivé est celui qui connaît les actes et les pensées des rois, des poètes et des héros, et qui est capable de les imiter… Autant dire que la culture est absolument inutile et essentielle : elle est le luxe d'une élite, son signe distinctif. Et elle est représentée par le baccalauréat, ce « brevet de bourgeoisie », comme l'appellera un sociologue au début du XXe siècle, signe de distinction culturelle et sociale. Ce diplôme donne accès à l'université (par où il faut passer pour accéder aux fonctions nobles de la société, en particulier les carrières juridiques ou médicales). Au fil des sessions, il apparaît comme un diplôme difficile – les recalés sont nombreux ; or, ce sont eux, les recalés, qui ont toujours fait le prix d'un diplôme : le grade se mérite.

Dès les premières sessions, le baccalauréat est entouré d'un cortège d'inquiétude, d'angoisse, de trac, aussi bien de la part des candidats que de leurs familles. À l'heure des épreuves écrites, le stress peut devenir paralysant, et faire craindre au meilleur candidat – surtout à lui ; l'imbécile, en général, ne doute jamais, est toujours sûr de lui – qu'il ne sait plus rien, ne comprend plus rien, a perdu tous ses moyens. Ces sentiments, trac et inquiétude, vont participer au décorum de l'examen et, jusqu'à aujourd'hui, en être une des caractéristiques. Au soir de sa vie, un vieux monsieur confiera à son petit-fils que son souvenir le plus angoissant avait été l'examen du bac. Militaire, combattant de la guerre de 14, ce grand-père en avait pourtant vu d'autres, dans son existence : il s'agissait du capitaine Dreyfus. À la tension avant l'épreuve succède la joie en cas de succès, ou la tristesse, la peine, le dépit dans le cas inverse. Avec le temps – le phénomène se met en place au milieu du XIXe siècle –, le baccalauréat va devenir un événement de l'existence, au même titre que les sacrements religieux – baptême, communion, mariage – qui dans la société catholique jalonnaient le cours de la vie. En famille, les lauréats seront fêtés, récompensés par des cadeaux. Pour sa réussite au baccalauréat, Léon Gambetta, fils d'un épicier installé à Cahors, va par exemple se voir offrir un voyage à Gênes, patrie des origines de sa famille.

Que fête-t-on en célébrant un nouveau bachelier ? En 1800, remettant les prix du concours général dans le cadre du Prytanée (lycée alors réservé aux boursiers, ainsi nommé en souvenir du Prytanée d'Athènes, où les citoyens qui avaient bien mérité de la patrie étaient nourris aux frais de l'État), le ministre de l'Intérieur de l'époque, chargé de l'Instruction publique, Lucien Bonaparte, s'adresse en ces termes aux élèves : « Oui, jeunes citoyens, à votre instruction se rattache la prospérité de l'Empire. [...] Dans tous les pays et dans tous les temps, l'instruction est la meilleure amie de l'homme ; elle diminue les peines, elle ajoute au plaisir. [...] Enfant du peuple, il n'est point d'ambition qui ne vous soit permise. Au milieu de vous, peut-être mes regards voient, sans les discerner, ceux qui, dans les jours de votre vieillesse, seront les consuls de la République et ceux à qui, dans le Sénat, sera confié le dépôt sacré de la charte nationale. » Dans le contexte nouveau de la France contemporaine, née des principes de la Révolution et en grande partie organisée par l'Empire, la signification du baccalauréat est simple : couronnement d'une bonne instruction, ce diplôme, comme le suggérait Lucien Bonaparte, est la porte ouverte à une grande ambition, la possibilité de s'élever dans le monde. Et dans un premier temps, ce baccalauréat donne accès à une catégorie sociale privilégiée, celle qui va participer aux tâches d'encadrement de la société. Il constitue la première marche pour accéder à l'université, ou pour présenter des concours d'entrée dans les écoles du gouvernement – même si, au début du XXe siècle, un certain nombre d'écoles dites spéciales, comme Polytechnique, n'exigent pas le baccalauréat, mais la réussite à un concours d'entrée particulier. Dans de nombreuses familles, cette perspective de promotion sociale offerte par le baccalauréat est appréciable.

Autre chose, plus prosaïque, fêtée à l'occasion du succès au baccalauréat : la fin des années de collège ou de lycée, unanimement considérées, par tous ceux qui en ont écrit, comme sinistres, intermédiaires entre la caserne et la prison… Réussir au baccalauréat, c'était la perspective d'une vie libre.

Trop de bacheliers ?

À quelques rares exceptions près, le XIXe siècle, à Paris comme en province, se caractérise par une très grande augmentation du nombre des étudiants, et donc du nombre des bacheliers. Ce qui alimente – déjà ! – un fantasme : il y aurait trop de diplômés. Derrière cette inquiétude se cache la peur de donner naissance à un prolétariat intellectuel, un peu doué sur le plan intellectuel, nourri d'amertume et de ressentiment, qui pourrait menacer l'ordre et la tranquillité du pays. Dans les années 1820 à 1850, les parents sont mis en accusation : ils nourrissent de trop grandes ambitions pour leurs enfants ; le pays ne pourra pas employer tout le monde ; l'ordre public sera en péril. Sous la IIIe République, c'est le gouvernement qui va se retrouver sur la sellette : il sera accusé de former trop de bacheliers, de boursiers et, *in fine*, d'étudiants. Avec les mêmes risques de grossir les rangs des aigris mécontents.

Il s'agit en réalité de craintes de classes sociales. Dans la première partie du siècle, les classes sociales installées, héritières des privilégiés de l'Ancien Régime, ne voient pas d'un bon œil l'ascension sociale de la bourgeoisie, expression des idées égalitaires de la Révolution : les privilégiés s'inquiètent d'avoir à partager leurs privilèges. Dans la seconde moitié du siècle, le même phénomène va fonctionner, mais ce sera la bourgeoisie, installée cinquante ans plus tôt, sous la Restauration ou la monarchie de Juillet, qui ne verra pas d'un bon œil la démocratisation du baccalauréat et des études supérieures, n'ayant aucune envie, à son tour, de partager avec de nouveaux arrivants les privilèges qu'elle a su s'acquérir.

1830
L'écrit du bac

Jusqu'à 1830, les épreuves du baccalauréat sont exclusivement orales, composées d'un entretien avec un jury.

Signé du comte de Guernon-Ranville, ministre des Affaires ecclésiastiques et de l'Instruction publique, l'arrêté du 9 février 1830 introduit une épreuve écrite : « Tout candidat au baccalauréat ès lettres sera tenu d'écrire instantanément un morceau en français soit de sa composition, soit en traduisant un passage d'un auteur classique. » Dans un premier temps, cette espèce de test écrit, familièrement appelé le « morceau de français », qui prend place au milieu des oraux, est facultatif, peu utilisé. L'exercice sera obligatoire dix ans plus tard, en 1840, deviendra une véritable épreuve, et ne tardera pas à devenir le pivot de l'examen.

Stabiliser l'orthographe

L'objectif de cette modification est double. D'abord veiller à ce que les diplômés maîtrisent convenablement l'orthographe. Dès 1820, le comte Siméon, ministre de l'Intérieur – alors président de la commission de l'Instruction publique –, avait été désagréablement impressionné par la correspondance des récents bacheliers : truffées de fautes, leurs lettres révélaient une grande méconnaissance, et même une ignorance de l'orthographe. Il fallait redresser cette situation. Le 19 septembre 1820, il ordonnait des mesures de sévérité destinées à rehausser le niveau des examens du baccalauréat. Il avait déjà envisagé des épreuves écrites, c'était prématuré.

Le respect absolu de la correction dans l'emploi de la langue française sera une préoccupation constante des ministres de l'Instruction publique, puis de l'Éducation nationale, tout au long des XIXe et XXe siècles – même si, face à la massification de l'enseignement secondaire et au nombre des candidats au baccalauréat, cette préoccupation semble désormais passer en arrière-plan.

Pourquoi la maîtrise de l'orthographe par les bacheliers n'est-elle pas bonne ? Certainement pas par stupidité, indifférence ou ignorance des candidats, mais parce que cette discipline n'est pas encore complètement fixée, bien stabilisée. Historien de l'éducation – et notamment de l'enseignement du français –, André Chervel fait observer que, entre 1650 et 1835,

« l'orthographe française n'a cessé pendant cent quatre-vingts ans de se transformer, à raison d'une mutation tous les douze ans en moyenne, obligeant constamment les usagers à renouveler leurs habitudes d'écriture et à s'adapter à de nouveaux usages au moins dans la lecture de l'imprimé ». Ce n'est qu'en 1800 que paraît le premier manuel de conjugaison, qui fixe de manière certaine l'écriture des verbes, et permet d'enseigner les conjugaisons. Il sera suivi d'une centaine d'autres, dont le fameux Bescherelle, en 1842, toujours en usage. Les méthodes d'enseignement, de plus, sont mal fixées. Avait en particulier cours, au début du XIXe siècle, une technique d'apprentissage qui a eu de mauvais résultats, la cacographie. Elle consistait, pour leur apprendre l'orthographe, à distribuer aux élèves des textes fautifs et à les inviter à les corriger. Inconsciemment, les fautes s'imprimaient dans leur esprit, et l'orthographe n'était pas apprise. Cet exercice sera remplacé par la copie – de textes justes – et surtout par la dictée, exercice roi de l'apprentissage de l'orthographe et de l'école primaire.

Élever le niveau de l'examen

Autre objectif poursuivi avec l'introduction d'épreuves écrites au baccalauréat : rendre l'examen plus difficile, notamment pour faire concurrence à l'École polytechnique qui, à ce moment-là, recrutait ses élèves par un concours spécial, distinct de la filière du baccalauréat. Ce concours d'admission à cette école était beaucoup plus exigeant, beaucoup plus strict, que le baccalauréat ès lettres. Pendant plusieurs années (jusque vers 1850 environ), en compétition avec Polytechnique, le ministère de l'Instruction publique va vouloir durcir le baccalauréat, pour en élever le niveau. La plupart des modifications dans la législation du baccalauréat, qui vont le définir, le peaufiner, le réorganiser, le perfectionner, qui vont préciser le contenu ou la durée des épreuves, arrêter les programmes, vont tendre à cet objectif, en rehausser le niveau. Avec une constante : des épreuves écrites.

L'objectif de rendre le baccalauréat difficile – donc respecté, et utile – va peu ou prou guider toutes les politiques d'éducation jusqu'au milieu du XXe siècle. À ce moment-là, il sera concurrencé par un autre objectif, parfois difficilement conciliable avec lui, permettre au plus grand nombre de candidats d'accéder au baccalauréat.

Les épreuves écrites

L'organisation de l'examen entre épreuves écrites et orales va devenir une des caractéristiques du baccalauréat, avec de nombreuses variantes dans le temps. À certains moments, les candidats devront passer dans le même temps des épreuves écrites et des épreuves orales (c'est le cas à la création des épreuves écrites, en 1830). À d'autres moments (ce sera le cas à partir de 1840), les épreuves écrites seront considérées comme des épreuves d'admissibilité, donnant accès aux épreuves orales, considérées comme les épreuves d'admission. Distinction qui passera dans le langage populaire : « il a eu l'écrit », « il a raté l'oral ». Puis cette distinction a été abolie, sans faire disparaître le fait que certaines matières étaient examinées à l'écrit, d'autres à l'oral.

Les épreuves écrites vont donner lieu à un rituel, patiemment élaboré au fil des sessions, qui va traverser les âges. Les candidats concourent sur table, et ne tirent plus leur sujet d'une urne – cette pratique demeurera à l'oral –, mais traitent en un temps imparti un sujet préparé par les enseignants, dans chaque discipline. Ces sujets arrivent dans la salle d'examen dans une enveloppe scellée et, les premières années, sont dictés aux candidats. Ce qui ne va pas sans poser des difficultés (mauvais énoncé par le surveillant, mauvaise compréhension par les candidats) ni causer des erreurs. Au début du XXe siècle, les sujets seront imprimés et distribués dans les salles d'examen.

Décor solennel, pression du groupe, fièvre de l'attente, inquiétude, tension : la mise en scène du drame est parfaite. D'immenses salles pleines de jeunes gens penchés sur leur copie, surveillés par leur professeur juché sur une estrade, cela va devenir l'image caractéristique du baccalauréat. Depuis deux cents ans, « l'écrit du bac », les « épreuves écrites du bac » constituent la vitrine de cet examen. Le bac, s'il fallait résumer, ce sont des épreuves écrites, qui réunissent un grand nombre de candidats, dans des salles parfois démesurées. Les caricaturistes, au XIXe siècle, les photographes, au siècle suivant, ne manqueront pas de populariser cette image, qui a certainement participé à la notoriété de l'examen lui-même.

Par rapport à l'oral, où l'on peut craindre d'être apprécié « à la tête du client », d'être jugé en fonction de son apparence ou de ses origines, l'écrit – surtout depuis 1927, quand les copies sont devenues anonymes – a une autre particularité appréciable : il permet, estime-t-on, des appréciations objectives. C'est la grande vertu reconnue aux épreuves du baccalauréat : elles sont notées anonymement, par des correcteurs qui ignorent tout des élèves, donc elles garantissent un jugement objectif. C'est du moins l'argument que développent les amis du bac, ceux qui s'opposent à sa suppression ou à toute idée de recours à une notation sur la base du contrôle continu.

Dans toute l'histoire du baccalauréat, les épreuves écrites n'auront pas pu se tenir que deux fois : en 1968 (à cause des événements politiques ; cette année-là, les épreuves se sont limitées aux épreuves orales), et en 2020 (à cause de la pandémie de Covid-19 ; les diplômes ont été décernés sur la base des notes de contrôle continu).

Après l'écrit, l'oral

L'instauration d'épreuves écrites n'a pas fait disparaître les épreuves orales. Dans *La Vie en fleur* (1922), Anatole France se souvient de son examen (passé en

1876) : « Sur mes seize ans je passai, à la diable, un affreux petit examen nommé baccalauréat, bien fait pour avilir en même temps les candidats et les examinateurs. Il y avait alors un baccalauréat ès sciences et un baccalauréat ès lettres. [...] Il nous fallait deux jours pour montrer nos connaissances. Le premier jour nous en faisions la preuve écrite, le second jour la preuve orale. Le matin de ce second jour, ma chère maman me donna une pièce de cent sous pour déjeuner place de la Sorbonne et me trouver tout de suite à même de répondre à l'appel. [...] [Je] gardai la pièce de cent sous, achetai un petit pain de gruau et l'allai manger sur les tours de Notre-Dame. Là, je régnais sur Paris. [...] Je ne sais à quoi je songeai, mais quand j'arrivai dans la vieille Sorbonne mon tour était passé. De mémoire d'appariteur, rien de pareil ne s'était vu encore. Je m'accusai. On ne me crut pas. La vérité parut invraisemblable et l'on m'inscrivit en queue de liste. Les examinateurs étaient fatigués et maussades. À cela près tout se passa bien. »

1840
Les habits neufs du baccalauréat : l'heure de la version latine

La réforme de 1840, Victor Cousin étant ministre de l'Instruction publique, s'exprime par le règlement du 14 juillet et par la circulaire explicative du 17 juillet destiné au corps enseignant – ces textes réglementaires si peu clairs qu'il faille les expliciter par d'autres textes réglementaires ! L'emprise de la bureaucratie sur l'appareil éducatif est une des caractéristiques de tout ce qui entoure l'organisation du baccalauréat, où se mêlent sans cesse attendus pédagogiques et prescriptions administratives... De toutes les réformes du baccalauréat, celle-ci est importante sur le fond et sur la forme. Sur la forme, elle inaugure une pratique qui va se développer au fil des décennies : elle est fondée sur une minutieuse enquête menée auprès des recteurs. Comment apprécient-ils le baccalauréat ? Quelles réformes mériteraient d'être mises en œuvre ? Comment améliorer l'évaluation des candidats ? Que suggèrent-ils ? L'objet de cette démarche est d'uniformiser la procédure et le déroulement de l'examen dans toutes les académies, en quête de « l'indice le plus sûr de la capacité » des candidats.

Sur le plan administratif, obligation est faite aux candidats de se présenter à l'examen au chef-lieu de l'académie où ils ont achevé leurs études secondaires ou bien au chef-lieu de l'académie de leur domicile et, en cas d'échec, de se représenter devant le même jury. Cela pour lutter contre la fraude à l'examen qui, à cette époque, est endémique, des candidats passant l'examen les uns à la place des autres. On y reviendra.

Sur le fond, disposition demandée par tous les recteurs, est introduite pour l'obtention du baccalauréat ès lettres une épreuve écrite obligatoire, de deux heures, qui consiste en une version latine « à peu près de la même force et de la même étendue que les versions latines qui se donnent en rhétorique ». Certains recteurs étaient allés jusqu'à demander cinq épreuves écrites – ils n'avaient qu'un peu d'avance sur leur temps… –, mais le ministre n'avait pas retenu cette suggestion : « Il m'a paru que, s'il ne faut pas ouvrir trop aisément l'entrée aux carrières libérales de la société, il n'est pas juste non plus de rendre cette entrée d'un accès trop difficile. »

Donc une version latine. « Une version latine bien faite, explique la circulaire, témoigne suffisamment de la connaissance solide de la langue latine sans laquelle il ne peut y avoir de fortes études médicales et de jurisprudence ; c'est aussi une page de français dans laquelle on peut reconnaître si le candidat sait écrire avec la pureté, la clarté et l'élégance qui répondent elles-mêmes d'une bonne culture intellectuelle. Une seule composition [...] sera donc exigée ; mais elle sera la condition indispensable d'admissibilité aux autres épreuves [...]. En effet, quand on n'a pas pu en deux heures, et avec un dictionnaire, traduire convenablement en français une page de latin, il est superflu d'être interrogé sur des textes de Cicéron et d'Horace, de Virgile et de Tacite. Il n'y aura donc qu'une seule épreuve écrite, mais cette épreuve sera décisive. » C'est le triomphe de la version latine. Il va durer des décennies.

Cette version de deux heures sera portée à trois heures en 1890. En 1880, un décret proscrira « les gros dictionnaires trop riches en renseignements et en exemples » qui seront remplacés par « un simple lexique, donnant sans commentaires les acceptions principales de chaque mot ». En 1856, la version latine s'accompagnera d'un « discours latin » – ou composition latine, ou composition en latin –, en quatre heures, sur un sujet précis, exercice qui disparaîtra en 1880.

Innovation d'importance : cette épreuve écrite conditionne donc l'admissibilité aux épreuves orales.

L'oral comporte deux séries d'épreuves : une explication de textes d'auteurs grecs, latins ou français (ce qui est une nouveauté) ; des questions de philosophie, littérature, histoire et géographie, mathématiques et physique.

Le règlement est accompagné d'une liste d'auteurs grecs, latins, français pour les explications de textes (150 numéros) et d'une liste de questions sur la philosophie, l'histoire, la géographie (350 numéros au total). Cette disposition, qui a pour objet d'uniformiser l'examen sur tout le territoire, va conduire à une dérive qui ne manquera pas d'être dénoncée au fil des décennies suivantes, parce qu'elle ruine la raison d'être de l'examen, du moins ruine-t-elle son esprit : le bachotage. Le mot est dérivé du mot « bachot », un des diminutifs du mot « baccalauréat » dans la langue étudiante. Les 500 questions susceptibles d'être posées aux candidats, il suffira d'en apprendre les réponses par cœur, bêtement, et la réussite à l'examen sera assurée. C'est à ce moment que vont apparaître des collections de livres proposant des corrigés aux questions de l'examen – des « annales » –, et que vont fleurir des établissements privés de préparation au bac, les « fours à bac » (qui « chauffent » les élèves avant l'examen) ou « boîtes à bac », entreprises lucratives dont appellation et existence ont traversé les âges. À partir du moment où la préparation au baccalauréat consiste à bien connaître les réponses à 500 questions – et à se limiter à cet apprentissage stupide – va également se développer une pratique qui consiste pour les professeurs, en marge de leurs activités officielles, à jouer – moyennant finances – le rôle de « répétiteur » des candidats. Quand ils sont également membres des jurys de l'examen, les professeurs seront des répétiteurs recherchés par les familles aisées, soucieuses de la réussite de leur progéniture…

Dans le souci de donner de la valeur au baccalauréat, la réforme de 1840 a introduit une innovation, qui dure toujours : quand ils établissent le certificat d'aptitude des candidats reçus, les jurys sont désormais tenus de moduler leur avis en distinguant trois catégories, « très bien », « bien », « assez bien », ancêtres des modernes mentions, qui résument la valeur de l'examen et créent *de facto* une hiérarchie entre les lauréats.

Aux différentes sessions de 1841, 2 700 candidats obtiennent le baccalauréat ès lettres et 92 le baccalauréat ès sciences.

Composition latine et triomphe des « humanités classiques »

En 1853, Hippolyte Fortoul, ministre de l'Instruction publique et des Cultes, avait introduit, en plus de l'incontournable version latine, une deuxième épreuve écrite, une composition française. Que n'avait-il pas imaginé ! Sa proposition fut accueillie par un tollé de l'université, unanime à déplorer une épreuve en français pour juger de la qualité de jeunes gens désireux de poursuivre des études supérieures. Un examen digne de ce nom pouvait-il porter sur le français ? Le français était-il une langue digne de l'université ? À la mort de Fortoul, cette épreuve fut supprimée, et remplacée par un autre exercice, dûment en latin. C'est ainsi que, pendant vingt-quatre ans, de 1856 à 1880, les candidats au baccalauréat ont été invités, en plus de leur version latine, à composer un texte en latin. L'épreuve durait quatre heures.

La langue parlée à Rome était tenue, depuis des siècles, comme un des instruments de la culture. À la fois langue de la diplomatie et de l'Église – autant dire universelle –, considérée – à bon droit – comme mère du français – qui appartient au groupe des langues « latines » –, le latin était également apprécié pour sa structure grammaticale, sa concision, sa densité, estimées pour des modèles, non seulement d'expression, mais de raisonnement. De plus, le latin donnait accès aux auteurs latins, qui avec leurs homologues grecs avaient posé, estimait-on, les fondements de la pensée occidentale. Voilà pourquoi depuis des siècles l'enseignement du latin avait une place prépondérante. Parfaitement fondés, ces arguments, en quelque sorte techniques et rationnels, avaient, au fil du temps, été épaulés par d'autres considérations, politiques et culturelles. Le latin – et avec lui la fréquentation des auteurs de l'Antiquité – était la langue de l'élite, des savants, des personnes cultivées. Sa maîtrise était un signe d'appartenance aux catégories sociales les plus enviables. Montaigne se félicitait, par exemple, que ses parents lui eussent appris le latin au berceau, en faisant le choix, devant lui, jusqu'à l'âge de six ans, de ne parler que latin ! Pour accéder à cette élite, intellectuelle et sociale, il fallait maîtriser le latin, ce qui constituait un but en soi, même si l'utilité pratique de cette langue était en réalité modeste.

Il est instructif de jeter un coup d'œil aux sujets posés à l'épreuve de « discours latin ». Montaigne les aurait certainement abordés avec allégresse. Combien de bacheliers de 2021 sauraient y faire face ? Exemples : « Vous raconterez la fable *Le Rat des villes et le Rat des champs* », « Démosthène et Cicéron : vous comparerez leur vie et leur mort », etc. De nombreux sujets concernaient des auteurs français classiques (Corneille, Racine, Boileau, etc.), mais consistaient à rédiger en latin une composition sur une problématique liée à ces auteurs. Par exemple : « Vous comparerez, dans Racine, le comportement, le caractère et le personnage d'Athalie et d'Agrippine », plus précisément : « *Athaliae et Agrippinae mores, ingenium et personam apud Racinium comparentur* ». Combien de bacheliers de 2021 sauraient traiter ce sujet en français ? Ces exercices de composition latine, surtout quand ils s'appliquaient à la littérature française, et surtout quand ils s'appliquaient à des sujets libres, c'est-à-dire des sujets non choisis dans une liste connue à l'avance, obligeaient à un véritable travail de réflexion et de rédaction pour lequel le bachotage n'était d'aucun secours. En 1880, cet exercice sera donc supprimé.

Les candidats au baccalauréat étaient préparés à cette épreuve. Étaient-ils pour autant d'excellents latinistes ? Ce n'est pas sûr, même si pour répondre à cette question les critères objectifs font défaut. Les correcteurs semblent avoir observé une baisse du niveau au fil du temps, à tel point qu'ils ont tendance à noter presque systématiquement « passable » les copies de composition latine, sans recourir à l'éventail des notes à leur disposition. Cette mention « passable », non éliminatoire, révèle en général une réelle médiocrité des candidats, du moins une réelle difficulté à écrire couramment le latin. Systématiquement jugée « passable », l'épreuve de discours latin cesse au fil du temps de devenir discriminante. Le mauvais niveau en latin des candidats est du moins l'argument avancé par les « abolitionnistes », qui en tiennent, sinon pour la disparition de l'enseignement du latin, du moins pour la suppression de sa prééminence à l'examen et dans l'enseignement français.

Un travail de sape en profondeur contre le latin

La critique de l'enseignement du latin est aussi vieille que cet enseignement. Elle comporte deux volets, liés. Le premier en une série d'interrogations : à quoi rime d'enseigner une langue morte à des personnes qui souvent ne connaissent pas bien la langue vivante en usage dans leur pays ? À quoi rime de sélectionner les élites d'un pays avec des tests de connaissance d'une langue qui n'est pour ainsi dire pratiquée par personne ? Pourquoi, sur les monuments, inscrire en latin, langue que très peu de gens comprennent, formules et sentences qu'on destine précisément à l'édification des populations ? Ces interrogations, depuis des siècles, s'opposent aux arguments, d'ordre intellectuel et culturel, avancés par les tenants de l'enseignement du latin. Le (prétendu) bon sens contre les (prétendues) belles-lettres.

Une expression limpide de cette critique est résumée par d'Alembert à l'article « Collège » (1753) de l'*Encyclopédie* : « Il me semble qu'il ne serait pas impossible de donner une autre forme à l'éducation des collèges : pourquoi passer six ans à apprendre, tant bien que mal, une langue morte ? Je suis bien éloigné de désapprouver l'étude d'une langue dans laquelle les Horace et les Tacite ont écrit ; cette étude est absolument nécessaire pour connaître leurs admirables ouvrages ; mais je crois qu'on devrait se borner à les entendre, et que le temps qu'on emploie à composer en latin est un temps perdu. Ce temps serait bien mieux employé à apprendre par principe sa propre langue, qu'on ignore toujours au sortir du collège et qu'on ignore au point de la parler très mal. » Ces critiques-là, inchangées, ont encore cours au XIXe siècle.

L'autre critique de l'enseignement du latin prend la forme d'une satire des enseignants eux-mêmes – du moins des mauvais enseignants, de ceux qui font un usage démonstratif et sonore du latin, à coups de citations ronflantes, moqués, depuis le XVIe, pour être des « pédants ».

Molière a su souligner les travers des latinistes, savants ou pseudo-savants en langue latine, qui se servent des formules péremptoires, ésotériques pour le commun des mortels, pour asseoir leur pouvoir, et s'abritent derrière des sentences solennelles, en latin, pour masquer leur embarras ou leur ignorance.

Dans *Les Dernières Paroles de Décius Mus*, Anatole France se souvient du mélange de sublime et de ridicule atteint par les professeurs enseignant le latin : « Près de se dévouer aux dieux Mânes et pressant déjà de l'éperon les flancs de son coursier impétueux, Décius Mus se retourna une dernière fois vers ses compagnons d'armes et leur dit : "Si vous n'observez pas mieux le silence, je vous infligerai une retenue générale. J'entre, pour la patrie, dans l'immortalité. Le gouffre m'attend. Je vais mourir pour le salut commun. Monsieur Fontanet, vous me copierez dix pages de rudiment. Ainsi l'a décidé, dans sa sagesse, Jupiter Capitolinus, l'éternel gardien de la Ville éternelle. [...] Enviez-moi et ne me pleurez pas. Il est inepte de rire sans motif. Monsieur Nozière, vous serez consigné jeudi. Mon exemple vivra parmi vous. Messieurs, vos ricanements sont d'une inconvenance que je ne puis tolérer. J'informerai monsieur le proviseur de votre conduite. Et je verrai, du sein de l'Élysée, ouvert aux mânes des héros, les vierges de la République suspendre des guirlandes de fleurs au pied de mes images." »

Le latin entre suppression, agonie et résistance

L'épreuve de composition en latin est donc finalement supprimée en 1880. Le sommet de la culture définie par le baccalauréat ne sera plus le latin, mais le français, puisque la composition latine sera remplacée par une composition en français. Jules Ferry, rapporteur de la loi de 1880 qui accomplit cette révolution, résume la situation : « Le discours latin a vécu. [Et je dois] notifier son arrêt de mort. » Pour faire bonne mesure, l'enseignement du latin, qui commençait dès les classes élémentaires des lycées et collèges, est reporté deux ans plus tard, à la classe de sixième.

Non seulement la composition latine disparaît des épreuves du baccalauréat, mais sont également supprimées, dans les années suivantes, des épreuves en latin, qui étaient les épreuves reines de l'université française. L'épreuve de composition latine et celle de vers latin (qui consistait à composer un texte en vers, dans le scrupuleux respect de la métrique latine ; cette épreuve était la fierté des meilleurs étudiants de cette génération, c'est à leur aptitude à versifier en latin que les membres de l'élite intellectuelle se reconnaissaient…) disparaissent du concours général, du concours d'entrée à l'École normale supérieure, de la licence ès lettres, de l'agrégation des lettres. Un monde disparaît.

Pour autant, le latin conserve ses partisans, parfois acharnés. Quand par exemple se profile une nouvelle réforme du baccalauréat, en 1890, le latin conserve sa place, avec une version latine, à l'écrit, et, à l'oral, une explication – en français – d'un texte en latin. À l'écrit, la composition en français ne disparaît pas, mais la majorité du conseil supérieur de l'Instruction publique aurait préféré le maintien du latin seul, rappelant par 18 voix contre 13 que « la composition latine sera une preuve suffisante de la connaissance du latin, de la connaissance du français et de la logique de l'esprit ». L'épreuve de composition latine n'est pas rétablie, mais le latin, dans l'enseignement des années préparatoires au bac, continue de se tailler une part prépondérante,

59 heures de latin-grec pour 18 heures de français, 17,5 heures d'histoire et de géographie, 16,5 heures de sciences, 10 heures de dessin, 10 heures de langues vivantes, et 6,75 heures de philosophie.

La réforme de 1902 institue « la diversification de la culture secondaire normale » : après un premier cycle classique (où le grec est introduit à titre facultatif en quatrième et troisième), trois sections se distinguent en seconde, latin-grec (A), latin-langues vivantes (B), latin-sciences (C) ; mais il existe désormais une section « moderne », sciences-langues vivantes (D), qui succède, elle, à un premier cycle sans latin. Pour la première fois dans l'histoire, on peut obtenir le baccalauréat en étant ignorant du latin.

En 1923, Léon Bérard, ministre de l'Instruction publique et des Beaux-Arts, rétablit le latin dans toutes les filières du secondaire – y compris dans la série moderne –, et instaure même son enseignement obligatoire dès la classe de sixième. Il ne parvient cependant pas – l'idée avait provoqué un tollé – à réintroduire une épreuve de latin au nombre des épreuves du baccalauréat moderne.

1927 : les dispositions de Léon Bérard sont annulées : une série mathématiques-langues vivantes, sans latin, revoit le jour. Les autres sections comportent toutes, de manière obligatoire, une version latine à l'écrit (d'une durée de trois heures) et un commentaire de texte latin à l'oral.

1941 : secrétaire d'État de l'Instruction nationale et de la Jeunesse, Jérôme Carcopino – qui est latiniste, spécialiste des antiquités romaines – rétablit le latin pour tous : il ne sera plus possible d'obtenir son bac sans passer au moins une épreuve en latin. Cette disposition sera annulée à la Libération.

Depuis la guerre, les filières modernes, c'est-à-dire sans latin ni grec, se sont multipliées. En 1956, sur neuf séries de baccalauréat, seules quatre comportent obligatoirement du latin à l'écrit. En 1965, les candidats peuvent remplacer le latin, devenu une simple option, par une langue vivante. En 1968, le début de l'apprentissage du latin passe de la classe de sixième à celle de quatrième. En 1976, seuls 4 % des bacheliers ont choisi une filière comportant du latin.

Latin : éternel combat entre Anciens et Modernes

Jusqu'à la fin du XIXe siècle – et encore au XXe siècle –, l'université garde au latin une place prédominante dans l'enseignement supérieur, non seulement pour le savoir, mais pour l'écrire. Cela au moment où, depuis le XVIIIe siècle, le latin n'est plus la langue de la diplomatie, et dans les faits n'a aucun intérêt pratique. Son usage dans la société se réduit à deux domaines : le latin est la langue de l'Église et celle de l'école. Cela pour la raison – toujours la même – que les responsables de l'université, au sens impérial du mot, l'institution qui coiffe l'ensemble du système éducatif, ont pris dans la société exactement les mêmes places que les anciens responsables de l'Église, dont le poids et l'influence dans la société régressent à proportion du pouvoir pris par l'université, désormais dégagée de l'emprise de l'Église.

De sorte que, depuis deux cents ans, les débats autour de la place qu'il convenait de donner au latin dans l'enseignement secondaire – et au baccalauréat – ont certes été pratiques – ils ont porté sur des affaires de programmes, de coefficients, d'organisation des filières d'enseignement –, mais ils ont également été, et peut-être surtout, des débats politiques. Vouloir réserver une grande place au latin, c'était être traditionaliste, conservateur, réactionnaire. Vouloir l'affaiblir, voire l'abolir, c'était apparaître moderne, progressiste, tourné vers l'avenir.

On en revient au débat initial entre Fourcroy, chimiste, ami des idées de la Révolution, homme tourné vers l'avenir, qui avait conçu l'Université impériale, et Fontanes, poète monarchiste, qui en avait été le premier grand maître. Ce débat était – est – d'autant plus vain que Napoléon avait précisément le projet, en fondant l'université, d'amalgamer dans une même institution tous les courants de la pensée française, toutes les sensibilités de la vie politique française, toutes les visions de l'avenir, en les plaçant tous sous un seul drapeau, celui du mérite.

Quant au latin, à l'image du baccalauréat, il a toujours eu, et conserve, une forte valeur symbolique. La connaissance du latin était l'attribut des savants, du clergé, que celui-ci fût au service de l'Église ou à celui de l'université. Supprimer le latin, et se borner à apprendre simplement le français, quand ces décisions ont été prises – elles se sont échelonnées sur environ un siècle –, cela a constitué une attitude attentatoire à la distinction des élites, qui, d'un coup, s'estimaient ravalées au rang du peuple (qui, lui, avait toujours ignoré le latin).

Pour regretter la disparition de leur matière chérie, les tenants de la pratique du latin au baccalauréat pourraient plagier Brassens – qui n'a jamais eu son bac... – et chanter : « Sans le latin, le bac nous emmerde [...] et ses vertus faiblissent... »

Le latin meurt, mais ne se rend pas

En 1993, ancien professeur de lettres classiques, ministre de l'Éducation nationale, François Bayrou décide que les élèves pourront choisir une option latin dès leur entrée en cinquième. Avec ce commentaire : « Notre civilisation et notre langue héritent des cultures et des langues de l'Antiquité ; l'apprentissage des langues anciennes a donc pour but de retrouver, d'interroger et d'interpréter dans les textes les langues et les civilisations antiques pour mieux comprendre et mieux maîtriser les nôtres dans leurs différences et leurs continuités. »

Au XXIe siècle, le pourcentage d'élèves qui étudient le latin est d'environ 22 % en cinquième, 16 % en troisième, 6 % en seconde, 4,5 % en terminale. Le nombre de collégiens ou de lycéens qui ont eu une sensibilisation au latin n'a jamais été aussi élevé (en raison notamment du passage de tous au collège et de la massification du second cycle du secondaire), mais le rôle relatif du latin (et du grec) n'a pratiquement jamais été aussi faible.

Le rôle du latin n'est pas complètement nul : cette matière est devenue un critère, dans le maquis des sections et des filières, pour s'orienter vers des voies bien valorisées. En 2015, on a observé que, sur 35 000 élèves entrés en classe de sixième en 2007, l'étude du latin concerne 44 % des enfants d'enseignants et 39 % des enfants de cadres mais seulement 15 % des enfants d'ouvriers. On a pu mesurer *in fine* qu'un enfant d'ouvrier non latiniste n'avait que 5 % de chances d'être en terminale scientifique, contre une probabilité de 50 % pour un enfant latiniste de cadre ou d'enseignant. Parmi les lycéens candidats à l'un des baccalauréats généraux en 2014, ceux qui ont continué le latin sont ceux qui obtiennent le plus souvent des mentions « bien » ou « très bien ».

En définitive, par des moyens détournés, le latin demeure, au XXIe siècle, ce qu'il était deux cents ans plus tôt : un critère de sélection et de distinction sociale.

Du reste, les latinistes – appuyés par les hellénistes – constituent des groupes de pression actifs. Un arrêté du 25 janvier 2019 – signé par Jean-Michel Blanquer, ministre de l'Éducation nationale – donne un avantage singulier aux « langues et cultures antiques » sur les autres « options » offertes en terminale, comme l'éducation musicale ou les arts plastiques. Celles-là ont perdu le bénéfice des points bonus qu'elles rapportaient jusque-là au baccalauréat, et leur évaluation est intégrée au contrôle continu. Pour le latin – et le grec –, « les points excédant 10 sur 20 de l'évaluation des résultats de l'élève au cours du cycle terminal pour chaque enseignement optionnel "Langues et cultures de l'Antiquité", retenus et multipliés par un coefficient 3, s'ajoutent à la somme des points obtenus par le candidat à l'examen ». Appréciable bonus, qui donne un peu de sursis aux lettres classiques. Le latin n'a pas tout perdu.

Dans un passé qui paraît maintenant très lointain, le latin (et le grec) était incontournable et central. Au milieu du XIXe siècle, dans l'enseignement secondaire classique (le seul secondaire qui existait alors, réservé de fait à moins de 1 % des garçons), un lycéen, en suivant un cursus complet de la sixième à la terminale, passait 40 % de son temps en latin et grec (deux fois plus en latin qu'en grec), 13 % en français, 11 % en histoire-géographie, 11 % en mathématiques et en sciences, 8 % en langue vivante. Aujourd'hui – même si le latin rapporte des points bonus au baccalauréat –, sa place dans l'ensemble du cursus de l'enseignement secondaire, y compris pour les plus latinistes des collégiens et des lycéens, est très modeste, pour ainsi dire vestigiale.

Il demeure des mots, passés dans la langue française, des locutions en survie, au milieu du vocabulaire, quelques citations qui donnent des airs savants – pédants. Des souvenirs. Une page se tourne.

Sic transit gloria mundi.

1864
Création de la dissertation de philosophie

Depuis 1852, les épreuves écrites du baccalauréat comportent deux épreuves, une version latine de deux heures et une composition latine de trois heures.

En 1864, Victor Duruy, ministre de l'Instruction publique, en ajoute une troisième : une dissertation sur un sujet de philosophie d'une durée de trois heures.

Jusque-là, enseignée dans les deux dernières années du secondaire, en particulier pendant la classe « de philosophie » (terminale), la philosophie était examinée à l'oral, à l'occasion de la discussion à bâtons rompus entre le candidat et le jury.

La création d'une nouvelle épreuve écrite, qui rend le baccalauréat plus difficile, plus exigeant, qui en rehausse le niveau, est un des éléments de la refondation de la classe de philosophie – et du baccalauréat ès lettres – voulue par le ministre. Cette année-là, il rétablit l'agrégation de philosophie supprimée en 1852, restitue à la classe terminale son nom initial de classe de philosophie (et non plus de « logique »), et impose donc une dissertation qui compte pour un tiers de l'écrit au baccalauréat. « Puisque la France est le vrai centre du monde, écrit-il, assurons aussi aux enfants de la classe aisée, à ceux qui sont appelés à marcher au premier rang de la société, assurons-leur par les lettres et par les sciences, par la philosophie et par l'histoire, la culture de l'esprit la plus large et la plus féconde afin de fortifier l'aristocratie de l'intelligence au milieu d'un peuple qui n'en veut pas d'autre et de donner un contrepoids légitime à cette démocratie qui coule à pleins bords. » « Classe aisée », « aristocratie de l'intelligence », on est loin du projet de conduire 80 % d'une classe d'âge au niveau du baccalauréat… Partagée par la communauté universitaire – et pas contestée par la communauté nationale –, l'intention ministérielle est essentiellement élitiste.

Une intention ambitieuse

L'épreuve installée est nouvelle. L'exercice demandé lui aussi nouveau. À l'image de la version latine, la « dissertation de philo » va devenir une des épreuves emblématiques de l'examen – une des « épreuves reines », dira-t-on. Malgré critiques, réformes et doutes, elle est toujours en place. De quoi s'agit-il ? En 1866, dans son *Petit Traité de dissertation philosophique*, Charles Bénard va définir l'exercice – et donner des pistes pour y réussir –, d'abord en distinguant la « dissertation » de la « composition » ou de la « rédaction » : « son but n'est [pas] de toucher, écrit-il, […] c'est là le propre de l'éloquence, dont l'objet est la persuasion. [La dissertation] se borne à exposer avec calme la vérité. Il s'agit ici de convaincre [...]. La dissertation est une œuvre de l'esprit qui [...] consiste essentiellement à raisonner (disserter). Raisonner, [...] c'est réfléchir, méditer, discuter, penser méthodiquement ; c'est [...] examiner une question, en démêler le nœud [...] ; c'est sonder la valeur de telle ou telle maxime, apprécier un système, en montrer le côté vrai et le côté faux [...] ».

Tous les candidats au baccalauréat devraient connaître le nom de Charles Bénard (1807-1898). Normalien, agrégé, docteur ès lettres, il est le promoteur, pour ainsi dire le propagandiste, de la dissertation, grâce à lui devenue l'exercice canonique de l'enseignement philosophique en classe terminale.

Jusque-là, les professeurs de philosophie demandaient à leurs élèves la « rédaction » de leurs cours, exercice qui consistait à mettre au net l'improvisation du professeur pendant son enseignement magistral. Les professeurs corrigeaient les rédactions de leur propre cours afin de veiller à ce qu'il soit appris sans erreur ni déformation. Exercice de mémoire et, effectivement, de rédaction.

Pour Charles Bénard, la philosophie peut se distinguer des autres matières (en particulier la rhétorique) et devenir un enseignement formateur, précisément grâce à la dissertation, qui exige de répondre à une question. Même si l'élève trouve dans son cours les matériaux utiles à sa réponse, du moins cet exercice d'argumentation raisonnée ne se limite-t-il pas à la simple redite d'un cours appris par cœur. L'élève doit montrer qu'il fait siennes les vérités enseignées – ce qui se marque dans son énonciation : « nous » pensons, « nous » objecterons… – et qu'il est capable de les articuler en un discours cohérent. En créant la dissertation de philosophie, Victor Duruy espère que le baccalauréat devienne « moins une épreuve de mémoire qu'une épreuve d'intelligence ».

En 1890, un autre professeur de philosophie, Émile Boirac, publie à son tour un copieux volume, *La Dissertation philosophique*, avec force exemples de sujets, plans et développements, qui donne une idée de ce que devrait être cet exercice, en fixe les règles : « La dissertation philosophique est l'exercice le plus important de la classe de philosophie. L'élève peut et doit y faire la preuve non seulement qu'il a compris et retenu l'enseignement du maître, mais encore qu'il y a réfléchi, qu'il se l'est assimilé, qu'il l'a transformé dans la substance même de sa pensée. » Projet pour le moins ambitieux, dans le droit fil de l'intention élitiste de l'inventeur de l'épreuve, à la hauteur du contenu des programmes de philosophie où, depuis 1840, figure notamment « l'art syllogistique, qui donne à l'esprit l'habitude de la précision et de la rigueur. C'est à cette mâle école que se sont formés nos pères : il n'y a que de l'avantage à y retenir […] la jeunesse actuelle ».

En 1925, dans ses instructions – toujours en vigueur –, Anatole de Monzie, ministre de l'Instruction publique, précise le sens de cet enseignement particulier : « D'une part, il permet aux jeunes gens de mieux saisir, par cet effort intellectuel d'un genre nouveau, la portée et la valeur des études mêmes, scientifiques et littéraires, qui les ont occupés jusque-là et d'en opérer une sorte de synthèse. D'autre part, au moment où ils vont quitter le lycée, pour entrer dans la vie, et d'abord se préparer par des études spéciales à des professions diverses, il est bon qu'ils soient armés d'une méthode de réflexion et de quelques principes généraux de vie intellectuelle et morale qui soutiennent dans cette existence nouvelle, qui fassent d'eux des hommes de métier capables de voir au-delà du métier, des citoyens capables d'exercer le jugement éclairé et indépendant que requiert notre société démocratique. »

Quatre-vingts ans plus tard, en 2006, pour Mark Sherringham, inspecteur général de l'Éducation nationale, la philosophie au baccalauréat continue de répondre à des objectifs élevés : « Au travers de la maîtrise de la philosophie, ce qui est visé c'est la liberté de penser, liberté constitutive de la formation de l'homme et du citoyen, et contribuant à fonder l'idéal français de la République [...]. Cet enseignement [...] a l'ambition de poser les premiers éléments de la culture et du raisonnement en philosophie [...], il vise à développer d'abord la capacité de "réflexion personnelle" [...]. »

La philosophie, bénéficiaire de la concurrence entre l'Église et l'État

En présentant un travail de Bruno Poucet, *Enseigner la philosophie. Histoire d'une discipline scolaire (1860-1990)*, Anne-Marie Chartier, historienne de l'éducation, résume l'histoire de l'épreuve de philosophie au baccalauréat depuis cent cinquante ans :
« La philosophie ne "sert" à rien, ne prépare à aucun métier, n'est requise par aucune fonction, mais cette gratuité fait sa valeur et sa nécessité dans un pays où l'État doit garantir une éducation éclairée en refusant de cantonner le libre exercice de la pensée à des spécialistes. La philosophie doit donc "couronner" l'enseignement secondaire [...]. [On] ne peut comprendre les choix scolaires de l'Empire libéral et de la IIIe République en faveur de la culture humaniste (et donc de la philosophie pour "tous") hors du contexte de concurrence idéologique entre l'Église et l'État pour la formation des élites.

« [...] Le paradoxe que met à nu le travail de Bruno Poucet, c'est que pour Ch[arles] Bénard (et sans doute pour Duruy, pour qui religion et philosophie diffusent les mêmes valeurs morales), la dissertation ne vaut que parce qu'elle apprend aux élèves à présenter la pensée d'autrui comme leur pensée propre, à assimiler "intelligemment" la vulgate commune, approuvée par l'État et transmise par le professeur. Les professeurs de la IIIe République et leurs héritiers, en accordant aux élèves la liberté de pensée que l'État leur reconnaissait désormais, ont-ils fait faire autre chose ? Dès que la dissertation devient épreuve d'examen, la machine éditoriale se met en marche. Se multiplient les ouvrages présentant des dissertations types ou des corrigés des annales, qui donnent un bel observatoire des "vulgates philosophiques" jugées légitimes au fil du temps et qui sont le véritable corpus de philosophie scolaire que l'élève doit assimiler. En remontant aux sources de l'exercice.

« Bruno Poucet dissipe sans doute une illusion : la dissertation a été adoptée non pour permettre aux jeunes gens de "penser par eux-mêmes" mais comme un dispositif d'inculcation efficace de la philosophie d'État. »

« Après les combats, dit-elle par ailleurs, qui marquent la période 1880-1914, les positions se fixent [...] dans les années 1925, date des dernières instructions officielles en vigueur. Une fois rodés les exercices canoniques, les débats se centrent sur les programmes (en faisant varier le poids respectif de la logique, de la morale, de la psychologie ou de la métaphysique). [...] La continuité des structures (baccalauréats, classes préparatoires, enseignement universitaire), des discours (programmes et instructions pour les élèves et pour les concours de recrutement) et des outils pédagogiques (manuels, dissertations, explications de textes choisis) prouve la permanence d'un enseignement qui a acquis dans les faits l'universalité qu'il s'est toujours attribuée en droit. Mais le moindre poids de la discipline dans le cursus et dans les examens, les apories d'un enseignement conçu pour une élite quand il est imposé à tous, l'hétérogénéité des situations d'enseignement coexistant dans le système montrent la position de plus en plus éclatée, problématique et souvent inconfortable qui est la sienne. »

Une longue histoire toujours d'actualité

De 1852 à 2003, on a dénombré une dizaine de changements de programmes de philosophie, et de nombreuses modalités d'examen. En 1874, la philosophie se retrouve dans la deuxième partie de l'examen (le « deuxième bac » ; cf. *infra*), avec une épreuve à l'écrit et deux à l'oral (un oral sur un sujet de philo, un autre sur une question d'histoire de la philosophie). En 1890, on passe à une seule épreuve orale pour les sections lettres, et aucun oral pour les sections sciences (cet oral réapparaîtra en 1927...). En 1959, les oraux de philo sont supprimés pour toutes les filières – et seront rétablis, au début des années 1970, quand sera instituée la pratique d'oraux de rattrapage...

La dissertation s'accompagne désormais de quantité d'autres exercices, et l'épreuve du baccalauréat comporte le choix entre une dissertation et une explication de texte. Ces changements n'altèrent pas cette spécificité : la France est le seul pays européen où, en vue d'une dissertation, la philosophie est enseignée dans toutes les classes de terminale – jusqu'à huit heures par semaine pour la section « littéraire », quatre heures pour la section « économique et social », trois heures en section « scientifique », quand ces sections existaient, et deux heures pour les filières techniques. La « philo » était alors affectée de forts coefficients dans plusieurs séries de bacs. Ailleurs en Europe, très peu d'enseignement de philosophie à proprement parler :

des professeurs d'histoire enseignent l'histoire des idées (Italie), l'histoire de la philosophie (Espagne), ou bien les enseignements de philosophie sont tout simplement optionnels (Allemagne, Suède, Suisse).

Chaque année, 700 000 candidats – au bac général ou au bac technologique – affrontent l'épreuve de philo, et tous les candidats continueront de l'affronter après la réforme qui entrera en vigueur en 2021, puisque la philosophie devrait demeurer le seul écrit des épreuves de juin.

Quand elle était la première dans le temps, isolée une quinzaine de jours avant toutes les autres épreuves, l'épreuve de philo était le rendez-vous rituel non seulement des candidats, mais, journaux télévisés à l'appui, de tout le pays qui, à l'unisson des élèves, se demandait si « la recherche de la vérité peut être désintéressée » ou bien s'il « dépend de nous d'être heureux ». Des micros-trottoirs recueillaient les impressions des concurrents et – quand on ne les invitait pas, pour amuser la galerie, à traiter les sujets dans les conditions de l'examen – les plus grandes sommités de la philosophie étaient interrogées : et pour vous, la politique est-elle une science ou un art ? Et la passion, est-elle une erreur ? Les savants étaient priés d'expliquer les pièges du sujet, de laisser entrevoir à quoi les candidats auraient dû et à quoi les correcteurs devraient accorder de l'importance. Longtemps, l'épreuve de philo a été un moment de communion nationale, la fête de la philo.

À partir de 2021, l'épreuve de philosophie ne devrait plus ouvrir le bal des épreuves écrites, mais au contraire le fermer. Certains redoutent, baisse des coefficients aidant, que la place de la philosophie dans le baccalauréat de demain ne soit en déclin. Ce qui ne ferait que confirmer le décalage, maintenant ancien, entre la place symbolique de l'épreuve et son poids réel dans la formation des élèves. La philosophie représentera 4 % de la note finale pour le bac technologique, soit un peu moins qu'aujourd'hui, et 8 % en filière générale, moins qu'en filière S jusqu'à 2019, alors que la philosophie représentait 15 % de la note dans la filière littéraire. Avec du recul, il faut constater sur le long terme une lente réduction de la part de la philosophie, et des humanités en général, dans le cursus des lycéens français.

Le groupe « Philosophie » du Syndicat national des enseignements de second degré, Snes, a récemment conduit une enquête auprès de ses adhérents. « Le baccalauréat, écrit le syndicat, n'est pas satisfaisant en l'état, pas plus en séries générales (pour une moitié des collègues interrogés) qu'en séries technologiques (à une écrasante majorité) [...]. [N]ombreux sont les collègues à souligner le caractère inadapté de la dissertation de philosophie en séries technologiques à cause d'un manque de maîtrise de l'écrit et d'un bagage scolaire insuffisant [...]. [Les] propositions d'aménagements des sujets dans ces séries portent autant sur la dissertation (demandant à être guidée par des questions et/ou accompagnée d'un corpus de textes) que sur le sujet texte (dont il faut repenser le statut et la formulation des questions, sinon leur existence...). »

Quoi qu'il en soit, passent ministres, réformes, générations. L'épreuve de philo demeure. Elle fait partie des rituels convenus du baccalauréat, elle en est la vedette, l'épreuve reine, la vitrine… Grâce à elle, quelques heures dans l'année, la philosophie fait la une de l'actualité, amuse presse et grand public qui vibrent au rythme des candidats. L'importance réelle du bac est là, dans cette dimension symbolique et sociale peut-être plus grande que le rôle de cet examen pour évaluer des connaissances, certifier un niveau, sélectionner l'entrée à l'université…

Des critiques à foison

L'épreuve de philosophie est destinée à tester la capacité de raisonnement. Au lieu de construire un bon raisonnement, de façonner une argumentation percutante, certains élèves – sans doute parce qu'ils ont réduit leur préparation à un bachotage de dernière minute et ont été séduits par ces formules – ont tendance à faire étalage de leur érudition en multipliant les citations. Pour avoir recopié une formule brillante, ils ont l'impression d'avoir par eux-mêmes pensé brillamment. Comme si produire une citation était l'expression d'une pensée, comme si la citation était une preuve en soi, comme si l'érudition – ou la répétition – était la culture… En méconnaissant qu'ils sont des milliers, des dizaines de milliers, pour ainsi dire au même instant, à citer Épictète (« Ce n'est pas par la satisfaction des désirs que s'obtient la liberté, mais par la destruction du désir »), à mentionner Eugène Ionesco (« Vouloir être de son temps, c'est déjà être dépassé »), à invoquer Friedrich Nietzsche (« Chaque mot est un préjugé »), à en appeler à Paul Valéry (« Si l'État est fort, il nous écrase. S'il est faible, nous périssons ») ou à se référer à saint Augustin (« Le bonheur, c'est de continuer à désirer ce qu'on possède »). En méconnaissant que ces pensées passe-partout sont élégantes si l'on veut pour orner la couverture d'un cahier ou le murs d'une chambre, mais d'une efficacité modeste pour faire apprécier le travail d'une année. En méconnaissant enfin que la multiplication des citations à l'intérieur d'une copie peut provoquer, chez le malheureux correcteur, un sentiment de nausée… Ce qui n'empêche nullement, depuis la fin du XIXe siècle, enseignants et éditeurs de publier des recueils de citations à utiliser le jour de l'épreuve de philosophie. À quelque chose malheur est bon.

C'est une des faiblesses du baccalauréat – et de la philosophie : le temps de l'épreuve, astuces superficielles et procédés, s'ils ne remplacent pas une formation intellectuelle solide, peuvent faire illusion…

Interrogé sur le sort réservé à la philosophie par la dernière réforme du baccalauréat, lui-même philosophe et ancien ministre de l'Éducation nationale, Luc Ferry compatissait avec les candidats qui devront continuer à tenter de « répondre à des questions byzantines auxquelles aucun d'entre nous n'a la moindre réponse »… L'immensité des questions posées (« Dieu est-il pour le savant une hypothèse nécessaire ou superflue ? »), leur complexité inextricable (« Est-il absurde de désirer l'impossible ? ») ne sont-elles pas les charmes de cette épreuve, l'explication de sa notoriété, le secret de la séduction qu'elle exerce sur les meilleurs élèves ?

Les critiques sur l'aspect incompréhensible des sujets de philo ne sont pas nouvelles. Henry Gauthier-Villars, dit Willy – qui écrivait de très mauvais livres jusqu'à ce qu'il épouse Colette, qui tiendra sa plume – se souvenait de n'avoir rien compris à la question posée à l'oral de philosophie. Pour masquer son ignorance, il racontait avoir tenté de noyer l'interrogateur sous « des considérations complètement absconses », qui ont sidéré le malheureux professeur et lui ont sans doute valu une note passable…

Historiquement, le poids du cocktail latin-philo dans les épreuves du baccalauréat a souvent été critiqué. On a reproché à ces matières d'être certes gratuites et pour cette raison décoratives, et propres à sélectionner une élite intellectuelle, mais longtemps on leur a reproché de prendre trop de place dans la formation de jeunes gens, et, à l'heure de la révolution industrielle et du triomphe de la science – dont les effets auront été dans l'histoire mille fois plus puissants que la révolution de 89 –, d'être vraiment trop éloignées des besoins de la société. Les humanités, estiment les contempteurs du latin et de la philo, ne sont plus de notre âge.

En 1870, l'opinion et le chancelier Bismarck ont en particulier attribué la défaite de Sedan à l'arriération des programmes et des méthodes d'enseignement, aussi peu que possible ouverts sur le monde. Tout cela pour avoir fait d'un dialecte étranger, le latin, des belles-lettres étrangères, des auteurs étrangers, grecs et latins, la langue officielle des élites politiques et militaires, et pour avoir tenu la philosophie pour l'alpha et l'oméga de l'apprentissage du raisonnement. Rien de tout cela, a-t-on estimé, n'a préparé les cadres français, civils et militaires, à défendre les intérêts de la France face aux Prussiens fiers de leur identité et mieux équipés.

Par comparaison avec l'Allemagne, justement, on peut constater, à la fin du XIXe siècle, un retard considérable des universités françaises pour l'enseignement des sciences. C'est dès le début du XIXe siècle que les universités allemandes – comme, dès 1808, Napoléon l'aurait souhaité pour l'université française – se lancent dans l'enseignement des sciences, multiplient chaires et bourses d'études, associées au monde industriel, qui participe à ses efforts de recherche.

Ce qui pose une question – sur le fond passionnante, et insoluble comme beaucoup de celles soumises à l'épreuve de philosophie : à quoi un pays doit-il se fier pour préparer l'avenir ? Doit-il cultiver et approfondir ses racines ou bien développer ses branchages ? La France s'est toujours reconnu une supériorité dans l'ordre littéraire. Longtemps, elle n'aurait pas imaginé former ses élites – et l'ensemble de sa jeunesse – autrement qu'avec des matières relevant des humanités. Du moins les tenants du pouvoir, dans la société et dans l'université, ont-ils, pendant des générations, soigneusement veillé à ce qu'il en soit ainsi.

Dernière critique, ontologique, adressée à la philosophie, comme au latin : cette matière est élitiste. Ce qui met en lumière une évolution du baccalauréat sur le long terme. Effectivement, ce diplôme, au XIXe siècle, ne concernait qu'une infime partie de la population, ses élites. Personne, à l'époque, n'aurait pu s'offusquer que les critères de recrutement et de sélection de l'élite fussent précisément élitistes. Personne ne contestait qu'il existât une élite. Au contraire, tout un chacun aspirait à accéder à cette catégorie enviable, et avait compris que l'éducation, alors exigeante, en constituait une voie d'accès. Personne, à la même époque, n'a jamais mis en cause les critères de recrutement de l'École polytechnique ou de l'École spéciale militaire de Saint-Cyr, et personne n'avait imaginé que ces écoles, par exemple, accessibles par concours à tous, fussent un jour ouvertes à l'ensemble de la population, du moins à 80 % d'une classe d'âge.

Pour le baccalauréat, l'évolution a été différente. Tarabustés par le démon démocratique, par la passion égalitariste, par la généreuse envie de faire profiter tout le monde des privilèges – et des bienfaits – de l'éducation, les gouvernements successifs ont accompagné, autant qu'ils l'ont provoquée, une tendance lourde, la massification du baccalauréat. Ce qui n'était pas une fatalité : l'*Abitur* en Allemagne n'est obtenu que par 33 % d'une classe d'âge et, en Suisse, la « maturité gymnasiale » – familièrement appelée « matu » – seulement par 20 % d'une génération.

Forcément, une épreuve – version latine, discours latin, dissertation de philosophie – conçue pour vérifier les connaissances de 1 % ou 2 % de la population est inadaptée à un autre objectif, voir réussir les trois quarts de la population à un diplôme. Toutes les critiques sur la perte de valeur du bac, sur l'abaissement du niveau moyen des bacheliers, sur l'inutilité, en définitive, du baccalauréat, viennent de cette méprise, entre sélection d'une courte élite et enseignement pour l'ensemble d'une génération. Savoir qui on veut former, pour quoi faire, pour accéder à quel type d'études supérieures, voilà des questions qui pourraient, le cas échéant, donner du sens à l'épreuve de philosophie du baccalauréat… Et aider à répondre à cette question d'examen, posée en 2007 : « Toute prise de conscience est-elle libératrice ? »

L'éducation, clef de la civilisation – et de l'homme civilisé

Riche de ses connaissances en histoire de l'éducation et de son expérience de pédagogue, Jean-Benoît Piobetta avait publié, en 1940, des *Vues sur l'éducation française*. Désuètes à certains égards, elles étaient pleines d'observations toujours stimulantes.

« La raison d'être d'un enseignement secondaire, faisant suite à un enseignement primaire et préparant à l'enseignement supérieur, se justifie par le but qu'il s'est toujours assigné : donner au futur technicien ce "corpus" de connaissances désintéressées et en apparence inutiles qui font et ont toujours fait l'homme cultivé, ce goût de savoir pour le plaisir, de savoir qui rend l'homme sensible à tout ce qui s'est dit et pensé de bien et lui permet de se défendre contre l'esclavage de la technique, de se libérer de l'automatisme du bureau, de l'usine, du magasin, du laboratoire ou de l'établi et d'agir dans la pleine indépendance de sa pensée. »

« Sans doute, pour donner à l'enfant la vraie culture, celle qui fait aimer le beau, qui est génératrice de nobles sentiments et d'ardentes passions, qui mène à la vérité par la voie du relatif, qui dresse l'échelle des valeurs et reconnaît aux valeurs de l'esprit la prépondérance, il y a des disciplines privilégiées. Nous admettons pourtant volontiers que d'autres disciplines plus accessibles à certains types d'intelligence puissent conduire au même résultat et former des hommes cultivés ou aptes à se cultiver. Mais [...] la méthode et l'esprit appliqués à ces disciplines, sous peine d'aboutir à la faillite, doivent se libérer de toute préoccupation utilitaire. »

« À mon avis, le problème n'est pas : faisons-nous trop de bacheliers ? mais : les bacheliers que nous faisons ont-ils toutes les qualités que le baccalauréat suppose ? Ainsi le problème prend son vrai sens. Ici la quantité n'est rien et la qualité est tout. Ce qui compte et doit compter, ce n'est pas le nombre des diplômes, c'est la valeur des diplômés. Le mal ne peut venir que si les candidats, au lieu d'être portés vers les études par cette vertu morale qu'est l'amour désintéressé du savoir, y sont conduits par l'illusion que le diplôme leur ouvrira les portes d'une vie large et facile. Or le baccalauréat ne peut et ne doit être que la preuve d'une culture qui permet à celui qui l'a reçue de comprendre le sens de la vie. Il n'est pas la garantie que la vie lui sera clémente. »

« Des hommes et des femmes dont l'intelligence et le cœur ont reçu cette culture, la France n'en aura jamais trop pour ses propres besoins et pour ceux de l'humanité. Ces hommes et ces femmes ne constitueront jamais un prolétariat dangereux. [...] Un capital de bacheliers est pour nous la meilleure force que nous puissions mettre en réserve, à condition que nous ayons su l'éduquer, la discipliner, bref l'habituer à la pratique des vertus difficiles. »

« Notre époque est agitée par un souffle nouveau : elle aspire, dans sa passion de la justice et de l'égalité, à un avenir toujours meilleur. Les humbles veulent s'élever, les déshérités de la vie veulent avoir leur part du bien-être commun, tous veulent s'instruire, car l'instruction est le capital le plus sûr, la valeur la plus durable. Notre pédagogie peut-elle rester indifférente à ces ambitions légitimes ? Le régime de nos études peut-il faire abstraction de ces besoins de la société contemporaine ? Déjà, à la fin du XVIIe siècle, Fleury écrivait avec raison : "Il me semble que nous devons accommoder nos études à l'état présent de nos mœurs, et étudier les choses qui sont d'usage dans le monde, puisqu'on ne peut changer cet usage pour l'accommoder à l'ordre de nos idées." Ce qui apparaissait opportun dans une société aristocratique où l'instruction était le privilège d'un petit nombre, les exigences de notre temps l'ont rendu nécessaire. »

1861
Première femme bachelière

En théorie, rien n'interdisait aux femmes de se présenter au baccalauréat. Sauf que les lycées, où était préparé l'examen, étaient réservés aux garçons, et qu'il n'existait pas de lieu où apprendre notamment latin et mathématiques, au programme de l'examen. Les rares filles qui désiraient alors s'y présenter devaient se préparer par leurs propres moyens, en recourant notamment aux leçons particulières d'enseignants (professeurs agrégés, maîtres et chargés de cours) des lycées de garçons. Ne pouvaient donc poser leur candidature que des filles déterminées, travailleuses, aux parents susceptibles de les soutenir dans leur volonté et leur effort. Cette situation, officiellement, durera jusqu'en 1924.

La pionnière

Aucune femme ne s'était présentée avant Julie-Victoire Daubié (1824-1874). Institutrice, cette Vosgienne de trente-sept ans, native de Bains-les-Bains, originaire de Fontenoy-le-Château, avait appris le latin avec son frère prêtre. Elle a présenté l'examen à Lyon – où l'académie de la ville en 1859 avait récompensé son essai sur *La Femme pauvre au* XIXe *siècle, par une femme pauvre* –, y a passé les épreuves, et le jury – entièrement masculin ! – avec six boules blanches (favorables), trois boules rouges (neutres) et une boule noire (négative), l'a déclarée admise, le 17 août 1861.

« Nous sommes heureux, claironne le *Salut public de Lyon*, d'annoncer qu'elle a été reçue avec distinction et qu'elle s'est montrée bonne latiniste, soit dans les compositions, soit dans les explications. On peut citer un certain nombre de femmes qui au Moyen Âge et surtout à l'époque de la Renaissance ont obtenu leur bonnet de docteur, mais mademoiselle Daubié est certainement le premier bachelier de sexe féminin qu'ait proclamé l'université de France. »

Au moment de recevoir son diplôme, la légende voudrait qu'elle se soit heurtée au refus du ministre de l'Instruction publique, Gustave Rouland, qui ne voulait pas « se ridiculiser » en signant le fameux papier. Il a, paraît-il, fallu l'intervention personnelle de l'impératrice Eugénie, épouse de Napoléon III, pour qu'il consente à authentifier le précieux parchemin, premier baccalauréat délivré à une femme.

« En France (j'aime à le dire pour l'honneur de mon pays), écrira la lauréate à une de ses amies l'année suivante, l'initiative sociale nous manque ici beaucoup plus que la liberté, car j'ai pu être admise, l'année dernière, à l'examen du baccalauréat, par la faculté des lettres de Lyon, sans faire de demande exceptionnelle. J'ai rencontré partout, pour cette innovation, une bienveillance impartiale et des sympathies généreuses, dont je ne saurais trop remercier ma patrie et mon siècle » (lettre à Elizabeth Garrett du 3 décembre 1862).

Devenue journaliste économique à la réputation établie en Europe, Julie-Victoire Daubié fut également la première Française à obtenir une licence ès lettres en Sorbonne, le 28 octobre 1871 – sans, au demeurant, avoir pu s'inscrire aux cours de la faculté... Sa vie témoigne de son combat pour le droit de vote des femmes et pour leur accès à l'éducation et à l'enseignement supérieur au même titre que les hommes.

Autre première de cordée à signaler : Madeleine Brès, née Magdeleine Alexandrine Gébelin, bachelière en 1868, qui parvient, elle aussi avec l'appui de l'impératrice Eugénie, à intégrer la faculté de médecine. Cette année-là, trois autres femmes commencent leurs études médicales, des étrangères : l'Américaine Mary Putnam, la Russe Catherine Gontcharoff, la Britannique Elizabeth Garrett, titulaires de diplômes nationaux reconnus équivalents au baccalauréat. Madeleine Brès obtient son doctorat en 1875, mais, malgré ses excellents états de service, notamment pendant la guerre de 1870 et la Commune de Paris, n'est pas autorisée à présenter les concours – l'externat sera ouvert aux femmes en 1882, et l'internat en 1886.

De 1861 à 1896, 299 femmes seulement obtiendront le baccalauréat.

En route vers l'égalité des sexes

En 1867, Victor Duruy avait organisé des écoles primaires de filles et ébauché l'enseignement secondaire féminin. Mais l'organisation des cours était laissée au bon vouloir d'initiatives privées. Ce système ne profitera qu'à un peu plus de 2 000 jeunes filles.

En 1880, après la victoire des républicains aux élections sénatoriales de 1879, Jules Ferry étant président du Conseil et ministre de l'Instruction publique et des Beaux-Arts, la loi sur l'enseignement secondaire des jeunes filles défendue à l'Assemblée par Camille Sée va aboutir à l'ouverture de collèges et lycées de jeunes filles.

L'exposé des motifs est historique : « [On] ne voit pas que les femmes, membres comme nous de la société politique, nos égales, puissent être laissées de côté, quand l'État fait de lourdes dépenses pour l'instruction secondaire et supérieure des garçons. [...] Tant que l'éducation des femmes finira avec l'instruction primaire, il sera presque impossible de vaincre les préjugés, les superstitions, la routine. Les femmes, quoi qu'on fasse, dirigent les mœurs, et c'est par les mœurs, plus encore que par les lois, que se font les peuples. [...]

« Peu à peu l'habitude s'est introduite, parmi les jeunes filles riches, de passer l'examen d'institutrice. Elles ont leur diplôme de capacité [diplôme délivré par l'État, à la fin des études secondaires, qui permet aux jeunes garçons ou aux jeunes filles de devenir instituteurs], comme leurs frères ont leur diplôme de bachelier ; et quelques-unes même, prises d'émulation, passent l'examen de bachelier avec succès. [...]

« Il ne s'agit ni de détourner les femmes de leur véritable vocation, qui est d'élever leurs enfants et de tenir leurs ménages, ni de les transformer en savants, en bas-bleus, en ergoteuses. Il s'agit de cultiver les dons heureux que la nature leur a prodigués, pour les mettre en état de mieux remplir les devoirs sérieux que la nature leur a imposés. [...]

« Nous proposons de commencer par établir, dans de très grandes villes, un nombre restreint de collèges de jeunes filles. »

Les enseignantes en seront recrutées par la création d'une École normale supérieure de jeunes filles, installée à Sèvres.

Cette loi répondait en somme à deux objectifs. D'abord la promotion – pour une minorité de jeunes filles principalement d'origine bourgeoise – d'une éducation secondaire publique et laïque, non gratuite (l'enseignement secondaire ne deviendra gratuit, pour les garçons et pour les filles, que dans les années 1930), pour entamer le monopole des établissements secondaires privés surtout religieux. Deuxième objectif : exclure de ces lycées publics de jeunes filles l'enseignement des langues anciennes (grec et latin). Tout ce à quoi pourront prétendre les filles parvenues au terme de leurs études secondaires sera le droit de présenter le concours d'entrée à l'École normale de Sèvres, devenir enseignantes à leur tour... En accord avec le gouvernement, le député Camille Sée exprime ainsi sa farouche opposition à ce que les femmes puissent accéder aux humanités classiques et donc au baccalauréat, où la connaissance du latin est indispensable même pour le baccalauréat scientifique. *Virgines futuras virorum matres respublica docet*, fera-t-il graver – en latin ! – sur une médaille, pour fêter le premier anniversaire de sa loi. Ce qui veut dire : « La République instruit les vierges, futures mères des hommes. » Instruction publique des jeunes filles, oui, à condition qu'elles ne viennent pas concurrencer les jeunes gens – surtout de la bourgeoisie – dans leurs activités et professions réservées.

Les premiers lycées de filles ouvrent à Montpellier (1882), à Paris (lycée Fénelon en 1883 ; lycée Racine en 1886 ; lycée Molière en 1888), etc. Les cours y sont donc différents de ceux des garçons et ne préparent pas au baccalauréat : une leçon de morale remplace la philosophie, les sciences sont à peine survolées et la littérature est expurgée. Une place importante sera en revanche donnée aux cours d'économie domestique et de couture.

De sorte que les jeunes filles élèves de ces établissements auront donc besoin de cours complémentaires – privés – pour pouvoir se présenter au baccalauréat.

En 1892, douze ans après la loi Camille Sée, on compte 12 bachelières. Il y en aura 1 000 en 1920 (principalement formées par des établissements privés, d'obédience catholique). Ce n'est qu'à partir de 1924, lorsque les programmes secondaires deviendront communs aux garçons et aux filles, que le baccalauréat s'ouvrira largement à ces dernières.

Échec des lycées de jeunes filles

En 1904, on compte 41 lycées et 30 collèges de jeunes filles, 112 lycées et 234 collèges de garçons. Le système de promotion de l'enseignement secondaire des jeunes filles est un échec.

Plusieurs causes à cela. D'abord, les enfants – garçons et filles – du peuple n'expriment pas de demande d'enseignement secondaire. Ils bornent leur attente d'éducation aux études primaires – « lire, écrire, compter » –, couronnées par le prestigieux certificat d'études, le « certif », garantie solide d'une bonne éducation de base et passeport pour nombre d'emplois appréciés. Pour leur part, soucieuses d'éviter brassage social et morale laïque, les familles riches ne sont pas intéressées par les collèges et lycées publics : la bourgeoisie aisée préfère confier ses filles à des établissements privés. Pour une troisième catégorie sociale, la moyenne bourgeoisie, qui pourrait être intéressée par la nature des études secondaires et tentée par la promotion sociale permise par le baccalauréat, le système imaginé par Camille Sée est peu satisfaisant pour une raison simple : le programme de ces établissements ne permet pas de préparer le bac. Donc un système boiteux, très imparfait, qui ne rencontre que désaffection et mauvais accueil.

Initiatives en tout genre

Vers 1900, le nombre de bachelières est dérisoire, le nombre d'élèves inscrites dans des collèges ou lycées de jeunes filles très modeste. Le désir d'études secondaires – voire supérieures –, et donc de baccalauréat est cependant perceptible chez les filles. Un certain nombre de dispositions réglementaires ou d'initiatives privées vont viser à satisfaire ce désir.

En 1902 est par exemple créée une nouvelle section du bac, dite « latin-langues », sans grec et avec très peu de sciences. Instituée dans le souci de créer un bac « moderne », cette filière a une conséquence immédiate sur l'enseignement féminin. Son programme – au latin près – correspond en effet au programme de l'enseignement secondaire féminin : c'est une ouverture pour les lycéennes.

Des établissements privés – véritables « prépas bac » – voient le jour. Ils proposent un programme spécifique de préparation au bac « latin-langues », qui complète d'une ou deux années la formation des lycées de jeunes filles (prévue par le législateur sur cinq ans, alors que la formation des jeunes garçons durait sept ans). Ces établissements recrutent des professeurs des lycées de garçons – heureux de ces revenus d'appoint supplémentaires –, ce qui garantit le sérieux de la préparation. Rapidement, ces établissements connaissent de belles réussites, qui assurent leur publicité, et font lentement grossir le nombre des bachelières.

Autre facteur – indirect – de l'accroissement du nombre des jeunes bachelières, la loi de séparation des Églises et de l'État en 1905. L'intention de cette loi était d'affaiblir les congrégations religieuses, notamment les congrégations enseignantes. Pour se maintenir, pour affronter la concurrence de l'enseignement public, ces congrégations décident d'améliorer la qualité de leur formation – l'ancienneté de leur expérience a souvent été un atout ; beaucoup de ces congrégations ont traversé le XXe siècle, formé des générations de collégiennes ou de lycéennes, et existent toujours : les jeunes filles ont profité de ces efforts pédagogiques. Autre décision prise par les congrégations : la création d'écoles normales libres. À Paris, en 1906, est ainsi créée l'École normale catholique – qui existe toujours – avec le projet d'« offrir aux jeunes filles des classes élevées qui, de plus en plus, manifestent le goût des études supérieures, scientifiques, littéraires ou philosophiques, le moyen de poursuivre ces études en conservant et en fortifiant leur foi qui pourrait être troublée par un enseignement neutre ou athée ». Dans le même esprit, et avec le même souci de fuir les « promiscuités douteuses de la faculté », voit le jour, en 1908, à Neuilly, l'École normale libre, fondée par une agrégée de lettres.

Ces initiatives – et la multiplication des cours complémentaires pour filles, de qualité inégale – contribuent à élever lentement le nombre de reçues au baccalauréat. D'une dizaine en 1890, on passe, en France, à une centaine de lauréates en 1909. Chiffre à rapprocher du nombre de bacheliers cette année-là : un peu plus de 7 000.

Vers le baccalauréat pour toutes

Devant la floraison et le nombre de cours complémentaires privés pour jeunes filles, les lycées publics de jeunes filles proposent à leur tour des sessions de préparation à l'examen. Le premier établissement à avoir pris cette initiative est le lycée de Bordeaux, en 1898. À partir de 1910, la plupart des lycées de jeunes filles de France proposent de telles préparations, en général payantes.

En 1913, l'Assemblée nationale donne un cadre légal à ces initiatives, et prévoit dans les établissements publics le principe de cours gratuits et facultatifs en latin, grec et sciences – matières qui manquaient au programme des lycées des jeunes filles pour leur permettre de présenter le baccalauréat.

En 1916 est proposée une réorganisation de l'enseignement secondaire féminin, avec prolongement d'une année, introduction dans les programmes du latin et des sciences, et possibilité d'une septième année de formation – qui mettrait le cycle de formation des filles à parité avec celui des garçons –, pour préparer spécialement le baccalauréat. La mise en œuvre de ce projet est retardée par la guerre.

La tendance semble cependant irréversible. « Depuis quelques années, écrit Paul Meuriot, dans son livre

Le Baccalauréat, paru en 1919, un mouvement – nous ne disons pas une mode – pousse les jeunes filles vers le baccalauréat. » Ce mouvement est une lame de fond.

Finalement, en 1924, le ministre Léon Bérard met les filles exactement sur le même pied que les garçons. « Les jeunes filles, déclare-t-il, qui voudront se présenter au baccalauréat suivront désormais les programmes en vigueur dans les lycées et collèges de garçons au lieu de se préparer à cet examen comme maintenant, suivant un régime scolaire innommé et empirique, qui ne relève ni de l'enseignement masculin ni de l'enseignement féminin. Les autres continueront de recevoir la culture que le législateur leur a destinée. » Et il signe le décret du 25 mars 1924 qui réforme l'enseignement secondaire féminin pour « répondre au double vœu des familles et de l'université : d'une part maintenir un enseignement secondaire féminin qui, depuis quarante ans, a fait ses preuves ; d'autre part faciliter aux jeunes filles qui le désirent un enseignement identique à l'enseignement secondaire masculin ».

Depuis cette date – qui est également celle de la large ouverture des jeux Olympiques aux femmes ; s'il ne se féminise pas, le monde se démasculinise… –, plus rien ne distingue donc, sur le plan des programmes, sur le plan réglementaire, l'enseignement secondaire (et le baccalauréat) des filles et celui des garçons. Plus rien ne les distingue non plus du point de vue des études supérieures. C'est en 1924, par exemple, après que tous les concours d'agrégation se furent ouverts aux filles, qu'est institué à ce concours un classement commun filles-garçons. Seule différence substantielle : les professeurs femmes ne bénéficient pas encore du même salaire que leurs homologues masculins, même si elles ont désormais le droit de participer aux jurys de baccalauréat. Autre différence : les freins culturels. Ce qu'avait déjà observé Julie Daubié. Les femmes hésitent, n'osent pas s'avancer vers des institutions qui, de leur côté, sont effarouchées – ou nettement opposées – à la perspective de devenir mixtes. En 1946, on ne compte par exemple que 182 enseignantes à l'université. Il y en aura un millier huit ans plus tard, et 10 000 en 1991.

Dans les années 1930, le nombre de filles dans l'enseignement secondaire ne cesse de monter. Il s'agit essentiellement de personnes issues des classes moyennes urbaines. Les « pauvres » continuent à se tenir loin de ce système, trop loin d'elles, et la bourgeoisie aisée ne veut toujours pas de la promiscuité de l'enseignement public. Il y avait 25 000 lycéennes dans le public en 1921, il y en aura 45 000 en 1938. Mais elles sont en moyenne trois fois moins nombreuses que les garçons, sinon à préparer l'examen, du moins à se présenter au baccalauréat. Alors que leur taux de réussite, dès cette époque, est régulièrement supérieur à celui des garçons. Et lorsque le concours général s'ouvre aux filles, en 1930, celles-ci ne tardent pas à briller. Cette année-là, c'est par exemple l'une d'elles, Jacqueline David, future Jacqueline de Romilly, de l'Académie française, qui reçoit un premier prix de version latine et un deuxième prix de version grecque.

Il faudra attendre le début des années 1960 pour constater une égalité du nombre des candidates et des candidats au baccalauréat. Même si, à partir de cette date, la répartition des uns et des autres entre les différents baccalauréats, entre les différentes filières et les différentes séries, révèle d'autres distorsions et la persistance d'inégalités entre les hommes et les femmes, qui viennent en général se surajouter à d'autres inégalités sociales.

Aujourd'hui, l'égalité semble acquise. On ne distingue plus guère la situation des filles de celle des garçons. Tout au plus peut-on signaler une tendance : toutes filières confondues, les filles sont plus nombreuses que les garçons à passer le bac et à le réussir. Mais – signe des temps – on ne donne presque plus de statistiques sur les filles et les garçons, leur nombre, leur taux de réussite : aujourd'hui, la question n'est plus là.

1874-1940
Le bac de la IIIe République

1874. Deux bacs

En 1874, les épreuves du baccalauréat sont divisées en deux séries, à passer à une année d'intervalle. Ce baccalauréat « scindé » – ainsi l'appelle-t-on à l'époque – va, dans l'appellation courante, multiplier le bac par deux : pendant près d'un siècle, on parlera des « deux bacs », pour désigner chacune des deux séries d'épreuves.

La première série, à la fin de la classe de rhétorique (de première), porte sur les lettres et sur les parties de l'histoire et de la géographie enseignées dans le cours des études classiques jusqu'à la rhétorique inclusivement. La deuxième série d'épreuves – le deuxième bac – se passe à la fin de la classe de philosophie – actuelle terminale. Les candidats sont interrogés sur la philosophie, les sciences, les parties de l'histoire et de la géographie enseignées dans la classe de philosophie, les langues vivantes.

Ces « deux bacs » vont construire le paysage éducatif français pendant près d'un siècle. Et quand ce principe de « deux bacs » va disparaître (en raison de la lourdeur de son organisation), il sera remplacé par des épreuves anticipées du baccalauréat, qui se passeront à la fin de la première. En 1964, l'épreuve de français a ainsi été avancée à la fin de la première, quand toutes les autres épreuves du baccalauréat étaient passées à la fin de la terminale ; à partir de cette date et pendant une cinquantaine d'années, on a ainsi pu entendre parler abusivement de « bac de français », raccourci approximatif qui ne voulait strictement rien dire, les épreuves de français ne constituant pas du tout un examen à part, qu'on aurait pu réussir ou rater, n'étant pas du tout des épreuves probatoires pour passer dans la classe supérieure et être admis à préparer le baccalauréat : elles n'étaient que des épreuves « avancées », « anticipées », comme à la fin de la classe terminale pouvaient l'être par exemple les épreuves d'éducation physique et sportive, en général situées plusieurs mois avant les autres épreuves ; on pouvait fort bien avoir des résultats déplorables aux épreuves anticipées de français, passer en terminale et *in fine* réussir tout de même le baccalauréat. Après le français, d'autres épreuves ont été passées de manière anticipée. Puis ce système a disparu, et plus personne n'a conservé le moindre souvenir des décrets de 1874 et des deux bacs alors créés.

1880. Le français au bac

Évoqué plus haut à propos de l'enseignement du latin, le décret de Jules Ferry du 19 juin 1880 – en vigueur à partir de l'année suivante – introduit une révolution dans l'enseignement français : en remplaçant la composition latine par la rédaction d'une « composition française sur un sujet de littérature ou d'histoire », il met fin à la suprématie séculaire du latin, et permet l'émergence d'une matière nouvelle, le français. Il ouvre la voie à des « humanités modernes », à l'étude et à l'enseignement de la littérature française – qui à dire vrai avaient déjà commencé depuis une cinquantaine d'années –, et introduit un nouvel exercice, porteur de conséquences considérables, appelé à un grand succès, la dissertation littéraire.

Cette réforme a plusieurs causes. D'abord le triomphe du français est la conséquence de la grande introspection nationale qui a suivi le désastre de Sedan : qu'avons-nous mal fait ? Pourquoi les élites n'ont-elles pas été à la hauteur de leur mission ? Et si notre enseignement n'était pas adapté au monde actuel ? Et si c'était là, dans un enseignement moderne, tourné vers les sciences et le monde d'aujourd'hui, que se trouvait le secret de la victoire prussienne ? L'enseignement secondaire est tenu – en partie – pour responsable de l'échec militaire du pays. Il est urgent de le réformer.

Avant d'engager cette réforme, une vaste enquête – c'est une pratique qui commence à s'institutionnaliser – est lancée auprès des proviseurs de lycée : quels changements leur semblent souhaitables ? Tous – déjà ! – constatent la trop grande place du baccalauréat, qui accapare l'énergie des lycéens (et des professeurs) pendant les deux dernières années qui précèdent l'examen. Les proviseurs soulignent le désintérêt des élèves pour l'exercice du « discours en latin » – désintérêt déjà constaté par les correcteurs du baccalauréat : l'épreuve sera donc remplacée par une composition française. Ne s'y étant jamais confrontés et n'y ayant jamais été formés, les professeurs seront bien embarrassés pour la préparer et la corriger... Qu'importe : un virage est pris, le latin est appelé à décliner, le français à monter.

Modernisations

La grande victime de la réforme de 1880 est une discipline qui a prévalu pendant des siècles, qui apparaît alors obsolète : la rhétorique, matière qui a longtemps donné son nom à la classe aujourd'hui appelée de première. « La classe de rhétorique, explique André Chervel, est traditionnellement celle où, depuis la première moitié du XVIIe siècle, le professeur donne un enseignement théorique de la rhétorique. Il dicte, longtemps en latin [c'est entre 1760 et 1790 que dans les différents collèges français le cours de rhétorique cesse d'être dicté en latin], ou commente, les élèves écrivent sous la dictée, apprennent par cœur, et rédigent chez eux ou à l'étude des “rédactions” du cours. Beaucoup plus tard, à la fin du XIXe siècle, on constate que l'histoire de la littérature a remplacé la rhétorique, mais toujours sous les mêmes formes : dictée sur cahier, mémorisation par l'élève, rédaction du cours. [...] L'histoire de l'enseignement de la rhétorique dans les collèges est celle d'une lente dérive qui commence au XVIIe siècle. À partir du XVIIIe siècle, l'*elocutio* prend le pas sur l'*inventio* et la *dispositio* ; l'accent est mis sur les figures de rhétorique, sur la théorie des styles ; et l'on passe peu à peu aux "belles-lettres" (aussi appelées "littérature") qui intègrent une partie de la rhétorique et de la poétique, mais l'orientent vers l'étude des différents types d'"éloquence" (qui est un synonyme de "prose") et des genres littéraires. Des genres on passe aux écrivains grecs, latins ou français qui les ont illustrés et la voie est ainsi dégagée pour l'histoire littéraire. Aucune rupture franche entre ces différentes étapes, la terminologie qui les désigne étant en partie une affaire de mode » (« L'enseignement du français au XIXe siècle vu à travers une épreuve orale du baccalauréat », Philippe Marchand (dir.) *Le Baccalauréat, 1808-2008. Certification française ou pratique européenne ?*, 2010).

« Pour les réformateurs, explique le même auteur, [...] il s'agit de trouver pour la formation de la jeunesse bourgeoise dans la culture française, dans la littérature française, dans la langue française, l'équivalent de ce qu'on trouvait jusque-là dans la culture antique (langues et littératures grecques et latines). Il ne s'agit pas de supprimer les "humanités", il s'agit de les moderniser. Il s'agit d'adapter, sous la forme d'une nouvelle discipline scolaire, ou d'un nouvel ensemble de disciplines, un pareil objectif aux contraintes propres à l'enseignement. L'enjeu dépasse largement la réforme du baccalauréat » (« Le baccalauréat et les débuts de la dissertation littéraire (1874-1881), *Histoire de l'éducation*, n° 94, 2002).

De l'enquête auprès des proviseurs ressortent également des suggestions pour moderniser les méthodes d'enseignement, et écarter tout ce qui pourrait relever de l'apprentissage idiot, leçons apprises par cœur, recopiage, dictées. On en appelle à une réforme pédagogique vers un enseignement plus moderne, moins passif, ce que Jules Ferry résumera en proposant « d'arracher le baccalauréat aux misères, aux écueils et aux mensonges de la préparation mnémonique et mécanique ».

L'enseignement des langues vivantes va – discrètement – profiter de cet élan novateur : une épreuve est mise en place au baccalauréat, avec des questions de grammaire et de vocabulaire. L'enseignement des langues vivantes ne sera jamais le point fort de l'enseignement français… L'enseignement des sciences est également encouragé – en théorie –, mais doit faire face à un cruel manque d'équipement, qui ne sera rattrapé qu'au fil des décennies. Au total, malgré obstacles, réticences, lenteurs, l'enseignement passe progressivement du monde d'hier à celui de son temps, et se tourne, prudemment, vers l'avenir.

Ces réformes sont imprégnées du nouvel humanisme dans l'air du temps. Indépendamment du désir – opiniâtre – de détrôner l'Église dans ses missions traditionnelles d'enseignement (cléricalisme et anticléricalisme vont pendant des générations rendre conflictuelles des relations qui auraient dû être de coopération et de complémentarité, de fertilisation mutuelle, pour ne créer dans le pays qu'un seul grand appareil de formation, dans le droit fil de l'intention napoléonienne), les nouveaux dirigeants sont animés d'une intention éducative sincère. Beaucoup sont pénétrés de cette belle pensée de Victor Hugo – c'est le héros de l'époque : « C'est un devoir sacré pour les gouvernants de se hâter de répandre la lumière dans ces masses obscures où le droit définitif repose. [...] Et puis, instruire un peuple, c'est l'améliorer ; éclairer le peuple, c'est le moraliser ; lettrer le peuple, c'est le civiliser. Toute brutalité se fond au feu doux des bonnes lectures quotidiennes. *Humaniores litterae*. Il faut faire faire au peuple ses humanités » (*Littérature et Philosophie mêlées*).

1890. Le baccalauréat de l'enseignement secondaire classique

À son arrivée au ministère de l'Instruction publique et des Beaux-Arts, Armand Fallières lance une nouvelle enquête pour faire le point sur l'application de la réforme précédente.

Il en ressort une nouvelle modification, qui simplifie le système en faisant disparaître les appellations « ès lettres » et « ès sciences » au profit d'un seul titre : baccalauréat de l'enseignement secondaire classique. Les enseignements de latin et de grec sont renforcés jusqu'à la fin de l'année de rhétorique. Pour la deuxième partie du bac, trois séries d'épreuves sont proposées, à dominante littéraire ou scientifique, évaluées par une notation qui va de 0 à 20 (après quelques dizaines d'années de bons et loyaux services, les boules de couleur sont remisées au placard...). La mention de la série choisie, lettres-philo, lettres-mathématiques ou lettres-sciences physiques et naturelles, étant inscrite sur le diplôme.

À la même date, le baccalauréat de l'enseignement secondaire spécial (professionnel et sans latin) est appelé « bac moderne ». Il ne comprend qu'une seule partie à l'issue de la classe de première et ne permet pas d'accéder aux facultés de droit – ce qui entraîne une diminution de son originalité et de sa considération.

Cette réforme s'accompagne d'un important effort pour parfaire la réorganisation du fonctionnement des collèges et des lycées (spécialisation des disciplines, donc des professeurs, consolidation du principe de l'heure de cours, qui remplace des leçons à la durée imprécise, pauses régulières entre les cours...). Les programmes – qui se multiplient avec le nombre des matières enseignées – sont précisés, codifiés, ce qui va faire fleurir les institutions privées de préparation au baccalauréat – les boîtes à bac. « Une branche d'industrie nouvelle a surgi, constate, amer, Charles Bigot [1840-1893], [...] "l'entraîneur" aux examens du baccalauréat [...]. Tel de ces messieurs peut se vanter d'avoir fait, à lui seul, réussir plus de cancres que le lycée Louis-le-Grand n'a fait réussir de bons élèves.

Le préparateur au baccalauréat a été dans les trente dernières années le plus grand bienfaiteur de nos classes dirigeantes. »

Le nombre des matières, l'étendue des programmes, la complexité des épreuves vont donner un coup de fouet à un autre secteur, déjà en essor depuis les années 1830, l'édition. Vont fleurir mémentos, manuels, aide-mémoire, guides, annales, ouvrages pour bons élèves ou pour cancres, pour travailleurs, pour paresseux ou simples angoissés. Et comme les fleurs, beaucoup de ces ouvrages vont reparaître chaque année, dans des éditions renouvelées, sans cesse adaptées aux nouvelles modalités et au programme de l'examen.

Chaque ouvrage garantit le succès aux aspirants bacheliers. Chacun propose, sinon des résultats miraculeux, du moins des recettes infaillibles. La plupart se prévalent d'auteurs dans le secret des dieux – en général des inspecteurs généraux, c'est-à-dire ceux qui sont au sommet de la hiérarchie du ministère.

Un des pionniers de ce secteur de l'édition est Louis Hachette, qui fonde sa maison en 1826 et d'emblée s'intéresse au secteur scolaire. En 1849, il est concurrencé par Pierre Larousse. Il sera suivi par des maisons qui naissent au XIXe siècle et, pour la plupart, existent encore de nos jours, toujours dans le domaine de l'édition scolaire ou parascolaire, Armand Colin, Alexandre Hatier, Fernand Nathan, Charles Delagrave, Henry Vuibert, qui a l'idée, en 1885, de publier les *Annales du baccalauréat*, recueil des sujets pour toutes les séries et toutes les matières, qui vont devenir un classique de l'édition.

La réforme de 1890 s'accompagne d'une institution importante, appelée à durer : le « livret scolaire ». « Les candidats peuvent produire, en se faisant inscrire, un livret scolaire [...] Les livrets sont examinés par les jurys. Il est tenu compte, pour l'admissibilité et pour l'admission, des renseignements qu'ils contiennent. » Cela, précise le rapporteur du décret, « a pour but d'empêcher que le candidat ne soit victime d'un accident, d'un trouble passager, d'une défaillance de mémoire. » L'élève « saura qu'il sera jugé d'après l'ensemble de son travail dans les classes supérieures, que le jury lui tiendra compte des bonnes notes qu'il aura obtenues. [...] Si le livret impose au dévouement des examinateurs une tâche nouvelle, en les éclairant mieux, il rend plus facile leur responsabilité morale ».

Le bac sur la sellette : critiques tous azimuts

Le bac commence à avoir une existence sociale. Sans être déjà – ce qu'il deviendra, massivement, au milieu du XXe siècle – un instrument d'élévation et de promotion sociale, l'examen en vient à créer deux catégories dans la population, ceux qui en sont titulaires et ont accès aux fonctions enviables de la société – les hauts postes de la fonction publique, la médecine, le barreau, etc. – et ceux qui en sont dépourvus, condamnés aux fonctions pénibles de l'agriculture, de l'industrie et du commerce. Puisque le baccalauréat joue ce rôle, ceux qui en bénéficient ont la tentation de figer la situation et de n'accepter qu'avec la plus grande parcimonie les nouveaux entrants dans leur jeu. Pour cette raison, le baccalauréat est inévitablement scruté et placé sous les feux de la critique. Est-il un bon critère de sélection des élites ? Garantit-il des connaissances solides ? Remplit-il bien le rôle social qu'il s'est assigné ? etc.

Les critiques sont multiples et diverses. On reproche pêle-mêle au baccalauréat le choix de certains sujets d'examens, déconnectés de toute réalité, la sévérité des jurys, exclusivement composés de membres de l'enseignement supérieur. On insiste – ce sera une critique régulière – sur le poids du bachotage dans la préparation de l'examen. On dénonce encore le hasard, qui, selon les académies, les jurys ou les sujets tirés, transformerait le baccalauréat en une loterie, indépendante du travail accompli par les candidats pendant leur scolarité. Est encore mis en question – ou défendu – le principe même de la délivrance du diplôme par l'État. Appuyées par les meilleurs esprits de leur temps, ces critiques aboutissent, dans les années 1890 et au début de la décennie suivante, à demander purement et simplement la suppression de l'institution.

À deux reprises, en 1892 et en 1897, une tempête s'est levée dans la presse à propos du choix des sujets dans l'académie de Toulouse. En 1892, il est reproché à la faculté des lettres d'avoir, pour le sujet de composition française, fait référence à l'actualité immédiate, en demandant aux candidats, dans un sujet, de comparer une tragédie de Sophocle et une pièce de boulevard, dans l'autre de répondre à des questions autour d'un livre d'Émile Zola paru quelques semaines seulement avant l'examen. Un journaliste de *L'Express du Midi* dénonce « l'université en goguette » et flétrit les cervelles universitaires « décidément pas plus à l'abri que les autres du détraquement et du ramollissement dont sont victimes celles de la plupart de ses contemporains ». « Peut-on rêver quelque chose de plus idiot que ce fait de demander à des jeunes gens de seize ans d'établir un rapprochement entre l'*Œdipe-Roi* de Sophocle et un drame de M. d'Ennery ? » *La Débâcle*, de Zola, au cœur du sujet contesté, est tenue pour « un livre mauvais, injuste pour l'armée française, dangereux au point de vue patriotique ». La presse nationale s'empare de l'affaire – pour dénoncer le doyen de la faculté de lettres ou pour le défendre ; il en ressort, pour le baccalauréat, une image fragilisée.

Cinq ans plus tard, c'est le texte de la version latine proposée au baccalauréat à Toulouse qui fait pousser des cris d'orfraie. Il s'agit d'un texte de Sénèque le Tragique, extrait d'*Hippolyte*, presque entièrement repris et traduit par Jean Racine dans *Phèdre*. Le texte est une « déclaration d'amour de Phèdre à Hippolyte ». Il se trouve que l'amour de Phèdre, coup de foudre qui la possède tout entière, la dévore, se porte sur le fils de son mari, Thésée, qu'elle croit mort. Cette passion abolit sa volonté, et la conduit au crime et à la mort. Phèdre a horreur de sa passion, qui lui fait éprouver la tortures du remords et la terreur de l'au-delà. Le doyen a choisi le moment crucial de cette affaire : l'instant de la – torride – déclaration d'amour de Phèdre à Hippolyte. « Ma poitrine est folle et haletante, l'amour me brûle, et jusqu'aux plus intimes profondeurs de mes moelles [...]. Me voilà, je me traîne, je supplie, je me prosterne à genoux, moi la fille d'une race de rois, moi qui ne fus souillée d'aucune tache, moi que nul n'a touchée, moi qui n'ai pas commis de faute, pour toi, pour toi seul, j'abandonne tout, je le veux et je m'abaisse jusqu'à prier... » Ce sujet vaut une nouvelle campagne de presse – et d'affichage dans la ville – qui met en cause un baccalauréat « pornographe », cultivant le spectacle d'une passion incestueuse sans y joindre les vertueuses protestations par lesquelles Hippolyte accueille cette déclaration, et sans préciser les affres dans lesquelles sa passion plonge cette malheureuse Phèdre.

Derrière cette indignation morale, derrière les arrière-pensées politiques – pour attaquer et condamner l'école républicaine –, c'est surtout la trop grande sévérité du jury toulousain qui est dénoncée, et d'une manière générale la pratique très malthusienne des jurys du baccalauréat. Arguments auxquels l'université répond, au contraire, en invoquant le trop grand nombre de candidats, qui rend accablante la tâche des examinateurs.

Tout cela, en définitive, n'est pas grand-chose. Ce ne sont que des protestations comme peut en appeler n'importe quel jury d'examen. À Toulouse, on a reproché au jury sa sévérité, ou son exigence inadaptée au programme suivi par les candidats ou à leur maturité. Cela peut arriver. Ailleurs, aussi bien, des recteurs émettent d'autres protestations, contre des jurys trop laxistes… Le baccalauréat est organisé par des hommes, donc exposé à des erreurs humaines. Ce n'est pas un inconvénient dirimant.

D'autres attaques sont plus fondamentales. Le chef de file des adversaires du baccalauréat est une des gloires de l'université de la IIIe République, Ernest Lavisse (1842-1922). Normalien, ancien collaborateur de Victor Duruy, professeur d'histoire, auteur de manuels de référence, qui ont instruit des générations de collégiens et de lycéens, il est aujourd'hui oublié, voire décrié, car il a été le chantre du roman national – « Tu dois aimer la France, parce que la nature l'a faite belle, et parce que son histoire l'a faite grande. » De son vivant, gloire inattaquable, il multiplie ses critiques contre l'examen et les résume dans un article de *La Revue de Paris* du 15 décembre 1898, « Contre le baccalauréat ». S'affichant comme un adversaire convaincu du fameux diplôme, il dénonce la passion française des fonctions publiques et le goût français pour la recherche des distinctions vaines. Sous sa plume, le baccalauréat se transforme en « malfaiteur ». Cela à cause de la facilité procurée aux candidats et à ceux qui les préparent à l'examen : il dispense les pères de famille – et les maîtres – de réfléchir à l'orientation et à l'éducation de leurs enfants. Il suffit en tout et pour tout d'être bachelier, d'accéder à ce rang, objectif qui devient la fin ultime d'années de formation et d'éducation, qui sera résumée par la formule qui apparaîtra au XXe siècle : « Passe ton bac d'abord. » Celui qui a son baccalauréat franchit la ligne de démarcation magique qui donne accès à une caste privilégiée, à qui sont ouvertes carrières libérales et fonction publique, fermées au commun des mortels, qui n'ont pas le bac. Argument que reprendra le député Alexandre Ribot, président d'une commission parlementaire sur le sujet : « Le baccalauréat n'est plus une garantie de bonnes études ; il est devenu une sorte d'institution sociale, un procédé artificiel qui tend à diviser la nation en deux castes dont l'une peut prétendre à toutes les fonctions publiques et dont l'autre est formée des agriculteurs, des industriels, des commerçants, de tous ceux qui vivent de leur travail et en font vivre le pays. » Pour cette raison, la difficulté excessive de l'examen apparaît à certains comme le signe d'une volonté de fermer le cercle des heureux élus et de limiter le nombre des nouveaux arrivants.

L'examen est d'autant plus malfaisant, prétend Ernest Lavisse, que parents et élèves finissent par se persuader que la réussite à l'examen ne dépend que de l'intrigue – des relations, des recommandations – ou du sort. Une manière d'atténuer cette critique serait d'introduire – l'idée est déjà là ! – un contrôle continu dans l'évaluation des candidats.

Autre critique, qui s'amplifie à la même époque : celle qui dénonce le bachotage. Le phénomène n'est pas nouveau, mais a pris des proportions préoccupantes, estime-t-on. Le mot bachotage, dérivé de « bachot », on l'a dit, un des diminutifs de « baccalauréat », fait son apparition à ce moment-là, dans les années 1890. Bachoter signifie « préparer le baccalauréat de façon systématique ». Il prend rapidement un sens péjoratif, pour désigner un apprentissage superficiel, souvent de dernière minute, qui masque une ignorance profonde de la matière et des méthodes de raisonnement.

Le phénomène est régulièrement dénoncé depuis que sont apparues des épreuves écrites, ou des questions à préparer – modalités d'examen qui ont donné naissance aux boîtes à bac, etc. –, et depuis que gonflent les programmes de l'examen. Il est perpétuellement d'actualité, aujourd'hui encore.

Dans un article de 1887, « La question du baccalauréat », dans *La République française* du 15 novembre, Francisque Sarcey note que : « Le baccalauréat n'est plus un signe d'études bien faites ; c'est un but, à présent. On n'étudie pas pour savoir, pour se former et s'orner l'esprit mais pour être bachelier [...]. Il faut se hâter d'ingurgiter en masse, pêle-mêle, toutes les matières du programme. Il faut empiler dans la mémoire, au risque de la faire éclater comme une malle trop pleine, des réponses toutes prêtes aux questions que peuvent poser les examinateurs. »

Le phénomène est en particulier dénoncé par Henri Bouasse dans un ouvrage précisément intitulé *Bachot et Bachotage* (1910). Physicien, auteur de manuels réputés, cet universitaire démolisseur de l'université démontre que le baccalauréat est « la plus vaine, la plus sotte, la plus immorale, la plus écœurante des loteries connues ». Il tend à prouver que le baccalauréat est un examen stupide dans son esprit et dans ses programmes, et plaint les malheureux candidats de seize à dix-sept ans, obligés d'emmagasiner dans leur mémoire des centaines de phrases toutes faites sur chacune des questions d'un programme encyclopédique.

Le baccalauréat risque de remettre en cause la fonction même du secondaire : certains en viennent à envisager sa suppression. Les tenants du contrôle continu au baccalauréat – toujours eux – avancent l'argument que cette solution mettrait fin au déplorable bachotage. Cent dix ans plus tard, il en est encore question…

Les critiques se multiplient tous azimuts, ce que devant la commission d'enquête parlementaire, présidée par Alexandre Ribot, l'historien Gaston Boissier résume ainsi, en janvier 1899 : « Je vais finir ma déposition en vous parlant du baccalauréat ; c'est un sujet dont on parle beaucoup en ce moment et qui a une grande importance. Il est à la mode de dire du mal de cet examen ; pour des raisons différentes, il a contre lui tout le monde. Les élèves le trouvent trop fort, les professeurs le trouvent trop faible ; il inquiète ceux qui le passent, il ennuie ceux qui le font passer. C'est un ensemble de colères contre lesquelles on a grand-peine à lutter. »

Une autre critique, elle aussi toujours d'actualité à l'heure de la démocratisation et de la massification du baccalauréat, se fait jour la fin du XIXe siècle. Elle apparaît en 1881 sous la plume de Jules Vallès avec son roman *Le Bachelier* : le bac produit des déclassés.

Le livre est du reste dédié « À ceux qui, nourris de grec et de latin, sont morts de faim ». Vallès, lui-même bachelier, qui s'était proclamé « l'avocat des pauvres », a beaucoup mis de sa propre expérience dans son œuvre – et dans le personnage de Jacques Vingtras. Il souligne avec une acuité inégalée l'hypocrisie d'une promotion scolaire qui à elle seule ne suffit pas à gommer les inégalités de condition. Malgré son diplôme, le jeune bachelier, qui n'avait jamais souhaité faire d'études, ne parvient pas à s'établir et fait l'expérience amère d'un déclassement d'autant plus douloureux qu'il vient en quelque sorte confirmer l'intuition de l'enfant : le baccalauréat ne lui servirait à rien. Cul-de-sac, titre inutile, le diplôme devient synonyme de désillusions, d'amertume.

Les débats autour des enseignements « classique » et « moderne » – c'est-à-dire autour de la question de savoir s'il faut faire tourner formation et sélection autour du latin et du grec, ou bien s'ouvrir aux sciences, aux langues vivantes, au monde d'aujourd'hui – sont vifs. On est alors en pleine affaire Dreyfus et en pleine bagarre autour des relations entre l'Église et l'État. L'enseignement classique est réputé être réservé à une « élite », qui a tendance à se fermer sur elle-même et à se reproduire sans jamais se remettre en question – autant dire une caste de privilégiés. « Un enseignement national, assurent des amis de la modernité, qui ne serait pas résolument moderne, par la substance et par l'esprit, ne serait pas seulement un anachronisme, il deviendrait un péril national. » L'enseignement moderne, au contraire, devient chez ses détracteurs synonyme d'enseignement de mauvaise qualité, et annonciateur d'une « crise du français ». « Si vous voulez nous assimiler à des Américains, fait remarquer un habitant de Bordeaux à la commission parlementaire, à des gens cherchant leur intérêt personnel, avant tout, s'enrichissant à outrance, à des "tueurs de porcs de Chicago", il faut effectivement favoriser l'enseignement moderne »...

Autour de 1900, l'idée est dans l'air de supprimer le diplôme presque centenaire. Et de le remplacer par un certificat de fin d'études secondaires, délivré par chaque établissement, sur la foi du travail accompli par l'élève au cours de sa scolarité, et sur la base de deux examens, toujours internes à l'établissement, l'un à la fin de la rhétorique, l'autre à la fin de la classe de philosophie. Cette perspective est en particulier défendue par Émile Combes, alors ministre de l'Instruction publique, qui le 4 février 1896 dépose un projet de loi dans ce sens.

La proposition est accueillie par un tollé, en particulier par les représentants de l'enseignement privé, qui redoutent que la suppression de l'examen n'expose leurs élèves à la discrétion des facultés de droit et de médecine, qui pourraient par exemple décréter qu'elles n'admettront à leurs examens, grades et emplois que les jeunes gens munis du certificat de fin d'études établi par un lycée d'État. Or la médecine et le droit constituent les principaux débouchés des bacheliers. Si les établissements d'enseignement privé perdaient ce débouché, ils n'auraient bientôt plus de candidats et seraient purement et simplement condamnés à disparaître. Ce qui était probablement le but poursuivi par le ministre…

Finalement, tout arbitraire, pornographique, malfaiteur qu'il est, le bac sauve sa peau : il est conservé, corrigé, rendu plus difficile – son programme est en tout cas plus copieux – pour apprendre, sinon le raisonnement, l'esprit philosophique, la culture, du moins le sens du travail. L'effort, le mérite vont devenir les nouvelles vertus défendues par le régime, et invoquées pour la réussite à l'examen. Comme si, à défaut de trouver une solution idéale pour accéder à l'enseignement supérieur, on en revenait à la morale de la fable de Florian, *La Guenon, le Singe et la Noix* :

> Souvenez-vous que, dans la vie,
> Sans un peu de travail on n'a point de plaisir.

La notion de méritocratie républicaine apparaît à ce moment-là.

1902. Le bac du XXe siècle

En 1902, le principe d'un diplôme unique est maintenu : il s'appellera « baccalauréat d'enseignement secondaire ». Pour les épreuves du « premier bac », à la fin de la rhétorique, apparaissent quatre séries :

A (latin-grec), B (latin-langues vivantes), C (latin-sciences), D (sciences-langues vivantes). La création de la série D est une révolution : elle ne comporte aucune épreuve de latin. Pour la seconde partie du baccalauréat, il n'existe plus que deux séries, philosophie (« philo ») ou mathématiques (« mathélem' »). Cette organisation, qui exprime une volonté d'adaptation des humanités classiques au monde moderne – et tente peu ou prou de satisfaire les tenants de tous les points de vue pédagogique –, ne subira que de discrets aménagements, et restera en vigueur un demi-siècle.

En 1927, le nombre des filières sera réduit à trois : A (français, latin, grec, sciences, langue étrangère), A' (français, latin, sciences, langue vivante) et B (français, sciences, deux langues vivantes), avant d'augmenter de nouveau en 1945.

Le nombre de diplômés demeure modeste : 5 700 en 1902, 7 100 en 1910.

L'épreuve du baccalauréat devient de plus en plus importante. Avant 1902, l'ensemble des examens classiques et modernes se traduisait par 8 épreuves écrites et 25 orales au total sur deux ans ; dans la nouvelle formule, il y a au total 17 épreuves écrites et 44 épreuves orales. La charge de la correction des épreuves devient lourde. Aussi la réforme de 1902 prévoit-elle – pour la première fois – d'adjoindre aux professeurs d'université, qui continueront à présider les jurys, « des professeurs en exercice ou honoraires de l'enseignement secondaire public, agrégés ou docteurs, désignés par le ministre de l'Instruction publique ». Devant l'accroissement du nombre des candidats, une nouvelle étape sera franchie en 1927, lorsque les enseignants des classes d'examen, quels que soient leurs titres, seront autorisés à leur tour à participer aux jurys. En tout état de cause, l'augmentation du nombre de candidats rendra une telle évolution inéluctable. On en appellera non seulement aux membres des facultés des lettres et des sciences, aux professeurs et anciens professeurs du secondaire agrégés ou docteurs, mais également « aux membres des autres établissements d'enseignement supérieur ou des grands établissements scientifiques et aux professeurs ou anciens professeurs du secondaire, licenciés ou certifiés et comptant dix ans de service dans l'enseignement ». D'autres examinateurs n'entrant pas dans ces catégories pourront même être appelés, en particulier pour les langues. En 1928, une instruction précisera que, pour la composition des jurys de baccalauréat, aucune distinction ne pourra être faite entre le personnel masculin et le personnel féminin. L'augmentation du nombre de candidats va transformer le baccalauréat en une entreprise consommatrice de bras…

À propos de la révolution de cette réforme – la possibilité de passer un « vrai » bac sans latin – Albert Thibaudet pourra écrire en 1936 dans son *Histoire de la littérature française* : « En 1902, l'enseignement secondaire, tel qu'il s'était transmis des Jésuites à l'université du XVIIIᵉ siècle et de celle-ci à l'université du XIXᵉ siècle, change de caractère. Le latin et surtout le grec sont plus ou moins déclassés, et les langues anciennes, la formation humaniste ne constituent plus la marque nécessaire et éminente de la culture. La démocratie coule à pleins bords dans les cadres pédagogiques. L'expression d'humanités modernes entre en faveur. » De fait, les humanités classiques vont dès lors progressivement perdre leur fonction de sélection – ou de reproduction – de l'élite.

Jusqu'à 1940 – et même jusqu'à 1945 –, le bac de 1902 ne va connaître que des modifications marginales. En 1923, on l'a vu, puis en 1941, il y a eu une tentative de rétablir une épreuve de latin dans toutes les filières ; la mesure a été rapportée quelques années plus tard. En 1927, comme cela a déjà été indiqué, les programmes des jeunes filles et ceux des jeunes garçons sont identiques. Cette année-là, le rapporteur du décret du 7 août (qui a institué l'anonymat des copies des candidats et uniformisé les programmes des garçons et des filles) renforce la définition floue du baccalauréat – flou congénital, qui demeure aujourd'hui –, qui semble de moins en moins le premier grade universitaire, et de plus en plus un examen de fin du secondaire. « L'idée qui domine le projet, assure le rapporteur du décret, est d'en relever le niveau de manière à en faire la consécration officielle de bonnes études secondaires. [...] Il n'est pas de professeur qui n'ait constaté que les élèves donnent le principal de leurs soins et de leurs efforts aux matières qui sont sanctionnées au baccalauréat par une épreuve écrite. Augmenter le nombre d'épreuves écrites, c'est donc de façon certaine donner plus de solidité à l'examen. » Autre innovation de 1927 : une session de rattrapage, écrite et orale.

En 1930, réforme importante : la gratuité de l'enseignement secondaire est proclamée – gratuité pour la classe de sixième cette année-là, pour la classe de cinquième l'année suivante, pour l'ensemble du secondaire en 1933, budget pris en charge par l'État –, ce qui va permettre à plus d'enfants de milieux modestes de poursuivre leur scolarité jusqu'au lycée. À l'origine, cette mesure avait été prise pour attirer des élèves dans les lycées, qui, avec l'arrivée des classes creuses à cause de la guerre de 14, étaient en train de voir cruellement fondre leurs effectifs, ce qui menaçait la survie de certains de ces établissements. L'intention sociale n'était cependant pas absente. À court terme, la mesure n'a toutefois pas l'effet escompté. Le nombre des élèves qui fréquentent les lycées stagne, voire diminue dans les années 1930, et le nombre des bacheliers demeure relativement faible – 11 000 en 1926, 15 000 en 1931, 12 000 en 1936 –, et jusqu'à la guerre ne dépasse pas 2,5 % d'une classe d'âge. Augmentation certes par rapport à 1850 quand ce taux était de 1 %, mais la véritable explosion du nombre de bacheliers n'interviendra réellement qu'à partir des années 1960-1970, quand le primaire supérieur (la partie du système scolaire réservée aux familles modestes) sera supprimé puis le collège unique institué (en 1975).

Malgré toutes ces réformes et notamment un appréciable progrès dans l'égalité homme-femme pour l'accès aux études secondaires, le baccalauréat dans l'entre-deux-guerres reste réservé à une élite. Il demeure la « barrière » décrite par le sociologue Edmond Goblot dans *La Barrière et le Niveau*, en 1925 : le baccalauréat est à la fois porte d'accès à la bourgeoisie, et barrière érigée par la bourgeoisie pour se protéger. « Le bourgeois, écrit l'auteur, a besoin d'une instruction qui demeure inaccessible au peuple, qui lui soit fermée, qui soit la barrière… Le baccalauréat, voilà la barrière sérieuse, la barrière officielle et garantie par l'État, qui défend contre l'invasion. On devient bourgeois, c'est vrai ; mais pour cela, il faut d'abord devenir bachelier. » Cette réalité – cette fonction du baccalauréat – ne changera qu'après la Seconde Guerre mondiale.

La persistance de cette situation n'est pas seulement le fruit d'une volonté politique délibérée, expression de la bourgeoisie qui redouterait de se laisser « envahir » – même si cette intention n'est pas douteuse, et en partie explique le faible nombre des bacheliers. La fonction du baccalauréat dans la société évolue peu, parce que, dans les années 1920 et 1930, personne ne décide rien en la matière. Pour la raison que personne ne peut rien décider. De 1930 à 1940, plus de trente ministres se succèdent par exemple à la tête du département ministériel chargé de l'éducation : quelle institution pourrait mener quelque réforme que ce soit si son chef d'orchestre, son directeur, son patron, changeait tous les quatre mois ? En pareil cas prévalent l'inertie, le conformisme. Il est difficile de mener une politique suivie, une vraie réforme en profondeur, des actions dans le temps. Et le fait qu'en 1932 le ministère de l'Instruction publique devienne – ce qu'il est toujours – celui de l'Éducation nationale n'y change rien.

L'élément le plus limitant du nombre des bacheliers – la barrière la plus utile pour se préserver de « l'invasion », selon le sociologue observateur de la bourgeoisie – est le système scolaire français, en amont du baccalauréat, rendu à force de réformes et de décrets infiniment complexe.

Dans les années 1930 coexistent trois systèmes éducatifs relativement hermétiques les uns par rapport aux autres.

Le système primaire prend les enfants jusqu'à l'âge de treize ans (voire douze si l'enfant réussit le certificat d'études). Il se conclut par le certificat d'études, et se poursuit – pour les élèves les plus doués – par des cours complémentaires (CC), qui peuvent durer jusqu'à quatre ans, assurés par des instituteurs, sanctionnés par le brevet élémentaire, ou bien par le passage en écoles primaires supérieures (EPS), d'une durée de quatre ans elles aussi, non avec des instituteurs mais avec des professeurs spécialisés, sanctionnés par le brevet d'études primaires supérieures. Sans le moindre contact avec l'enseignement secondaire et *a fortiori* avec l'enseignement supérieur, les EPS destinent principalement au concours d'entrée à l'école normale d'instituteurs. En 1929, le système primaire concerne 4,5 millions d'élèves, les EPS 80 000 élèves et les CC 61 000.

Le système secondaire comprend des lycées et des collèges. Les premiers – c'est la vieille institution napoléonienne – sont gérés par l'État, les autres par les communes. Ce système prend les enfants dès l'âge de six ans pour les mener de la classe de onzième jusqu'au baccalauréat. Dans cette catégorie, à l'inverse de la précédente, l'enseignement primaire, de la onzième à la septième – du cours préparatoire au CM2 –, est assuré par des professeurs et non par des instituteurs. En 1929, cette filière rassemble, toutes années confondues, 290 000 élèves.

Enfin l'enseignement technique, qui regroupe un assortiment d'écoles professionnelles diverses, qui recrutent leurs élèves à la sortie du primaire, concerne environ 40 000 élèves.

Le passage du système primaire au système secondaire est difficile. Les enfants scolarisés dans le système primaire qui voudraient entrer en sixième doivent interrompre leur cycle, ou bien, s'ils veulent aller jusqu'au certificat d'études – diplôme apprécié –, doivent entrer en sixième avec deux ans de retard. Pratiquement, c'est dès l'âge de six ans que se décide le parcours scolaire – long et coûteux – qui conduit au baccalauréat.

Des projets d'école unique – pour rapprocher système primaire et secondaire – voient le jour dès le lendemain de la Première Guerre mondiale, sans traduction concrète. D'autres projets, dans ce sens, sont portés par le jeune ministre de l'Éducation nationale du Front populaire Jean Zay : il envisage une réorganisation de l'enseignement par niveaux et non plus par filières de formation. Un premier degré engloberait le primaire et les petites classes des lycées ; un second degré réunirait le secondaire à partir de la sixième ainsi que les

EPS ; l'enseignement supérieur regrouperait les écoles normales et les universités. Projet de réorganisation repris et consolidé par Jérôme Carcopino, ministre du régime de Vichy, qui deviendra la carcasse du système éducatif d'après-guerre.

En 1946, avec un peu plus de 28 000 diplômés, chiffre en forte augmentation, le taux de bacheliers sera encore très faible. À cette date, les lycéens qui se présenteront au baccalauréat ne représenteront encore que 3 % d'une génération. Mais à cette époque va démarrer un vertigineux mouvement de démocratisation du baccalauréat : le diplôme va changer de nature.

II

Le baccalauréat dans la vie des Français

XIXe-XXe siècles

Le baccalauréat dans l'imaginaire des Français

Après des décennies d'existence, des dizaines de réformes, des retouches et des modifications en tout genre, le baccalauréat commence à faire partie du paysage social de la France. Il est un de ces rites pour ainsi dire initiatiques qui, à l'image du service militaire ou du mariage par exemple, font passer de l'insouciance de la jeunesse aux réalités de la vie adulte, du monde protégé et douillet de la vie de famille aux rudesses de la vie en société. Diplôme, cela a été dit et rappelé, qui donne accès aux privilèges d'une classe sociale protégée, aisée, la bourgeoisie. Qui, de ce fait, va devenir un instrument de promotion sociale paré de vertus pour ainsi dire magiques – même si, non sans quelque prémonition, le pauvre Jules Vallès a montré qu'on pouvait à la fois être bachelier et vivre dans la débine. Dans la seconde moitié du XXe siècle, porté par l'euphorie de la croissance économique et de l'expansion démographique, tout le monde va vouloir le bac. Et peu ou prou l'obtenir. En cent ans, de 1840 à 1940, on était passé de 1 à 2 % de la population diplômée. En cinquante ans, on va vouloir amener de 2 à 80 % d'une classe d'âge au niveau du bac. Il est inutile de dire que les problèmes posés par cet examen, sa portée, ses effets n'ont rien à voir avec ce qu'ils étaient au XIXe siècle et encore jusqu'à 1945. L'affaire de l'élite va devenir l'affaire de tous.

Le baccalauréat accompagne autant qu'il transforme les équilibres sociaux – même si la naissance du capitalisme et les effets de la révolution industrielle ont probablement dans les évolutions de la société française au XIXe siècle une part bien plus importante que celle des institutions scolaires. Même si à la fin du XXe siècle et au début du siècle suivant le développement du capitalisme international financiarisé et la mondialisation de l'économie ont sur la société française une influence bien plus grande que l'élévation, au demeurant considérable, du nombre de bacheliers et leur niveau réel.

Peu importe qu'il ne concerne qu'une proportion dérisoire – 1, 2 ou 3 % – de la population. Peu importe, au contraire, qu'à l'image du permis de conduire « tout le monde ait son bac ». Peu importent le niveau réel des bacheliers et les débouchés professionnels ou universitaires auquel il donne accès. Peu importe que le baccalauréat ne soit que le point d'orgue d'une politique d'éducation qui s'étale sur une douzaine ou une quinzaine d'années avant l'examen. Peu importe que le bac, mode de recrutement de l'enseignement supérieur, soit estimé complètement obsolète et inefficient. Peu importent critiques, biais, distorsions entre réalité et représentations qu'on en donne. Le bac est une vedette.

Un concurrent du Tour de France, du championnat de football et de l'élection présidentielle. Un des grands moments de la vie de la communauté française. Ce qui lui arrive, à cette vieille institution, ne laisse personne indifférent. Le bac, si on a le malheur de toucher un seul de ses cheveux, fait immédiatement la une des journaux, déchaîne des passions. Pour lui – ou contre lui – on pétitionne et on manifeste. On proteste. On menace. On en appelle aux grands dieux. Aux mânes des grands ancêtres. Aux principes inaltérables. On invoque dans une même colère le passé et l'avenir. Les traditions et le progrès. On veut que tout change pour que tout reste pareil. Et que, jusqu'à la fin des temps, le bac demeure en lui-même tel que l'éternité l'a créé.

Tout cela parce que, après deux siècles d'histoire, le bac a su s'acquérir une place considérable dans l'imaginaire individuel et social des Français.

Fraudes et tricheries

Derrière la réussite au baccalauréat – et la vie facile que ce diplôme laisse espérer –, se trouve *in fine* le travail. Réussir à l'examen, c'est avoir bien travaillé. Les vertus du travail sont unanimement vantées : il est l'étalon-or du système de valeurs structurant la société.

Il est exalté par des pédagogues chrétiens : « Le vrai travail est celui que de nobles intentions sanctifient et fécondent. [...] Le vrai travail, qui fait œuvre divine, fait aussi œuvre humaine. Il forme l'esprit. [...] Rien ici-bas n'est plus vite ni plus largement récompensé que le vrai travail. Sans lui, on végète, on s'étiole ; on devient soi-même et on rend les autres malheureux. Avec lui, on produit de belles œuvres. Défions-nous de la paresse ou de l'effort inintelligent, car ils mènent droit à la nullité », François Charmot (*L'Art de se former l'esprit et de réussir au baccalauréat*, 1938).

Le travail est loué par les esprits réalistes et pragmatiques : « Le travail quotidien est une grande, une très grande chose. Il est la base même de la société », Henry Ford (*Ma vie et mon œuvre*, 1925). L'industriel loue par ailleurs l'indépendance d'esprit : « Quand on n'est pas capable de penser par soi-même, on n'est jamais un homme instruit quand bien même on aurait acquis toutes espèces de diplômes. » Cela pour relativiser l'intérêt du baccalauréat…

Le travail est glorifié par les instituteurs de la IIIe République : « L'instruction est un trésor, le travail en est la clef », faisaient-ils inscrire en tête des cahiers d'écoliers.

Cela, c'est la loi. La loi morale. Universelle. C'est la vérité officielle : pour réussir – notamment au baccalauréat –, il faut travailler. Travailler beaucoup. Travailler sans faille. Avec application. Travailler encore et encore. La réalité est sensiblement différente. Elle est faite d'arrangements avec la loi et avec la vérité officielle. Pour accéder au diplôme – sinon au trésor de l'instruction –, il y a d'autres voies que le travail patient… L'histoire du baccalauréat est aussi l'histoire de la fraude au baccalauréat, de la débrouille, de la triche pure et simple, réalité amusante, souvent pittoresque, qui certainement participe à la popularité de l'examen.

Première entorse au principe selon lequel c'est le travail qui fait réussir : faire intervenir relations et gens bien placés. En fonction de leurs moyens, de leur statut social, de leurs relations, en fonction peut-être aussi du niveau de l'élève à rattraper, les parents du candidat vont frapper à la porte des professeurs, ou bien tenter leur chance auprès de l'inspecteur d'académie, du recteur, voire plus haut. Ils peuvent aussi faire intervenir le maire, le député, le sénateur. Une belle pièce de gibier, une volaille bien grasse peuvent parfois infléchir la balance de la justice et suffire à relever une note basse et à la faire passer au-dessus de la moyenne. Ou simplement la famille du candidat peut-elle « toucher » le fonctionnaire, en lui rappelant des relations communes, la puissance de la famille, des services autrefois rendus… Cette pratique relève moins de la tricherie que du favoritisme : ce qui n'ôte rien au fait qu'elle tend à frauder le principe d'équité, à la base de l'examen.

Deuxième entorse possible : corrompre le jury. Pendant longtemps, par exemple, il n'était pas interdit aux examinateurs de donner – plus exactement de vendre – des leçons particulières aux candidats. Voyant ces candidats si bien préparés arriver à l'examen, il était difficile aux examinateurs en question de faire échouer leurs protégés… Peut-être y a-t-il eu – ce n'est pas documenté, et pour cause – d'autres tentatives de corruption, plus grossières, où la bienveillance du jury s'est échangée contre des avantages matériels concrets. Qui sait ?

Si on n'a pas de relations, il reste la triche pendant les épreuves, à l'écrit ou à l'oral. Au XIXe siècle, elle se développe sans vergogne. Même si on n'en a qu'une idée très imparfaite, ce qu'on en sait n'étant sans doute que la partie visible de l'iceberg des fraudes, l'Administration ayant tendance, à cette époque, à ne pas ébruiter les affaires dont elle a connaissance, cela pour ne pas affaiblir le diplôme lui-même et pour ne pas ridiculiser l'éducation publique vis-à-vis des institutions privées, qui eussent été trop heureuses de la prendre en défaut. Donc on n'a de la fraude qu'une image certainement atténuée.

Tout laisse cependant penser que cette activité frauduleuse semble avoir pris une belle ampleur. Et d'abord l'abondance des prescriptions, réitérées tout au long du XIXe siècle, permettent de deviner le nombre et la gravité des abus. « Très tôt, écrit Philippe Marchand [un des meilleurs connaisseurs de la question], la fraude au baccalauréat devient un sport. »

La première grande catégorie de fraude est le changement de personne : une personne passe l'examen à la place d'une autre. En l'absence de cartes d'identité – elles seront inventées en 1921 –, en l'absence de photographies, cette fraude est très simple. Il suffit au candidat présent à l'examen de déclarer le nom de celui qu'il remplace, et de passer les épreuves pour lui.

Le règlement de l'examen de 1821 indique que, pour se présenter, il suffit d'indiquer son nom, sa date de naissance, et de préciser l'école où on a été instruit, ou le nom du maître particulier qui aura donné des leçons. Dispositions aisées à connaître, qui facilitent la fraude. Les faux candidats peuvent être des individus isolés, qui agissent à titre amical, pour rendre service, ou à titre onéreux. Ils peuvent aussi, cas le plus fréquent, être employés par des boîtes à bac où ils sont répétiteurs. Ces boutiques vendent des cours de préparation au bac, et aux candidats vraiment mauvais – ou trop peu sûrs d'eux – elles proposent les services d'un jeune homme doué qui passe l'examen à la place du candidat. Ces espèces de candidats professionnels – et appointés ; beaucoup vivent de cette activité – sont appelés « passeurs », « passeurs de baccalauréat » ou encore « versionnaires », en raison de leur facilité à passer l'épreuve de version latine. Le baccalauréat devenant de plus en plus prisé, il attire de plus en plus de candidats – donc aussi de mauvais candidats, qui veulent réussir tout de même, ce qui favorise l'activité desdits « passeurs ». Certains passent l'examen plusieurs fois, dans plusieurs académies, accomplissent un véritable tour de France du baccalauréat, plusieurs années de suite, et finissent par se faire repérer, du moins par créer des soupçons. Pour s'en défendre, les ministres vont faire circuler auprès des recteurs le signalement de ces candidats de métier. Leur description (taille, corpulence, couleur des yeux et des cheveux, forme du visage...) va circuler comme celle de très ordinaires truands. Ce qui va à peine freiner le phénomène.

La chronique du baccalauréat au XIXe siècle est pleine du souvenir de recteurs débarquant dans les salles d'examen pour tenter de démasquer les coupables. Ils interrogent les candidats suspects, en leur demandant toutes sortes de renseignements intimes, date de naissance, prénom des parents, nombre de frères et sœurs, adresse des grands-parents... Des faux candidats succomberont à ces ruses de basse police. Puis le système des « versionnaires » va se perfectionner : les faux candidats vont fignoler leur stratagème et endosser en quelque sorte l'identité et la personnalité de celui qu'ils remplacent, en se renseignant sur eux. Cela fera partie des prestations vendues : tout savoir sur le vrai candidat de façon, quelle que soit son insistance inquisitoriale, à tromper un recteur ou un jury. Ces candidats mercenaires sauront se donner une apparence irréprochable.

En juin 1854, le préfet de police de la Somme est ainsi informé qu'un nommé Quesin, né dans l'arrondissement de Montdidier, clerc de notaire de son état, « fait métier de passer des examens et de fournir des diplômes à tous les prix. Pour le baccalauréat, il en coûte 1 200 francs ». Somme coquette : à l'époque, un ouvrier agricole gagne entre 1,50 et 2,50 francs par jour. Le préfet répercute l'information auprès du procureur impérial de l'arrondissement et du recteur de l'académie...

L'Administration va faire preuve d'imagination pour tenter de combattre ces pratiques. En 1837, un arrêté oblige les candidats à signer, en présence du maire de leur lieu de résidence, le certificat d'études nécessaire pour l'inscription à l'examen, puis, le jour de l'épreuve, à signer une liste d'émargement, ce qui permet de comparer les signatures et, en théorie, de vérifier l'identité. En pratique, ce type de mesure – renouvelé pendant tout le XIXe siècle – n'aura que des résultats décevants, les fraudeurs ayant toujours été plus imaginatifs que les législateurs.

En 1928, alors qu'existent les cartes d'identité, avec photographie, l'Administration oblige les candidats à apposer une photographie sur leur livret scolaire, ce qui doit permettre des comparaisons, et la vérification de l'identité. Disposition qui a considérablement fait reculer la fraude à l'identité sans la faire disparaître complètement. Sans du moins en avoir aboli l'intention.

En 2013, à Paris, une certaine Lætitia, dix-neuf ans, se présente à l'épreuve d'anglais. La surveillante chargée de veiller au bon déroulement des épreuves est étonnée par son apparence. Vérification faite, il ne s'agit pas de Lætitia, mais de sa mère, Caroline, cinquante-deux ans. Rapidement prévenue, la police attendra la maman tricheuse à la sortie de la salle, pour la conduire au commissariat du Xe arrondissement.

À Rouen, en 2012, un candidat a la lumineuse idée d'envoyer un de ses camarades passer l'épreuve de maths à sa place. Le candidat volontaire est titulaire d'un master en mathématiques, ce qui simplifie la difficulté. Pas de chance, son identité est contrôlée par un surveillant pointilleux : deux mois plus tard, les deux copains sont jugés pour usurpation d'identité. Cent cinq heures de travaux d'intérêt général pour le mathématicien, trois mois de prison avec sursis pour celui qu'il remplaçait...

Deuxième grande catégorie de fraude : le copiage. Cela consiste pour le candidat à copier la solution du problème posé soit sur le voisin – en tentant de lire sa copie, ou bien en exploitant ses brouillons, si on arrive à se les procurer –, soit sur des documents élaborés préalablement. En argot lycéen, les documents élaborés à cette fin sont appelés « antisèches » – ils permettent de ne pas rester « sec » le jour de l'examen – ou pompes. Le verbe « copier » se dit dans le même argot « pomper », c'est-à-dire aller – symboliquement – chercher un liquide qui évite également d'être sec... En Belgique, une antisèche est parfois désignée par le terme « copion », en Suisse on parle de « mascogne » – *La Mascogne ou le Péché mignon du collégien* est un roman de Jean-Claude Fontanet, évocation acide et burlesque de ses années de collège à Genève. À la veille de l'examen, les pompes – en général minuscules – peuvent être planquées un peu partout. Dans les vêtements – les soutiens-gorge sont réputés offrir des possibilités inépuisables – ou les chaussures, dans la trousse – certaines trousses peuvent devenir de véritables cavernes d'Ali Baba des tricheurs, bourrées de notes –, dans le stylo ; certaines règles, à un moment donné, étaient dites « règles de baccalauréat » :

il s'agissait d'objets creux pouvant contenir des collections de notes et de petits papiers… ; on peut écrire des formules sur la paume des mains, sur les bras, on a même vu des candidats se faire tatouer des formules de physique sur le corps ! Des pompes, on peut en farcir le dictionnaire – longtemps autorisé pour la version latine. Quand il s'agissait de dictionnaires volumineux, on pouvait facilement les annoter, et tout aussi simplement les remplir de papiers, notes, formules, morceaux de cours, extraits de manuels, plans, corrigés types, et toutes sortes d'informations utiles le jour de l'examen. Pour certains candidats, les mois précédant l'épreuve ne relevaient pas de la préparation, mais des préparatifs…

Autre fraude, qui relève de l'obstination autant que du vol pur et simple. Au XIXe siècle, le baccalauréat n'avait pas lieu aux mêmes dates dans toute la France. Cela permettait aux candidats – aux vrais candidats, pas seulement aux « passeurs » professionnels – de tenter leur chance plusieurs fois, ce qui était interdit. Il était assez simple de ne pas respecter cette obligation administrative – de la frauder – car il n'y avait pour ainsi dire aucun contrôle : les candidats étaient seulement priés, en s'inscrivant, de remplir une déclaration sur l'honneur certifiant ne pas être inscrits en même temps dans une autre académie.

Fraude plus grave, car elle met directement en cause l'intégrité de l'institution organisatrice : informés à l'avance des sujets, des professeurs y entraînent leurs élèves, ou en font bénéficier des protégés. Plusieurs petites affaires de cet ordre émaillent le XIXe siècle, en général portées à la connaissance du public à la faveur de l'ancestrale rivalité qui oppose enseignement public et enseignement privé. Expression d'une faiblesse individuelle, ce type de fraude déconsidère l'institution entière. Des affaires de cet ordre se sont produites au XXe et au XXIe siècle. Soit par jeu, si on peut dire, quand le fils d'un imprimeur avait pu se procurer les sujets du baccalauréat et les avait diffusés sur les réseaux sociaux. Soit de façon plus intéressée, quand des professeurs, informés des sujets, les communiquent à leurs élèves ; ceux-là se font généralement attraper quand on constate les notes de leurs poulains à l'examen, et qu'on les compare à leurs performances dans l'année ou aux résultats habituels de l'établissement.

Mon grand-père – qui avait passé son bac à la fin du XIXe siècle – racontait l'histoire d'une jolie petite fraude ensoleillée. À l'heure des smartphones, elle relève du plus parfait artisanat, mais elle est ingénieuse et savoureuse. En avait-il été bénéficiaire ? En avait-il seulement été témoin ? De toute façon, il y a prescription. Le baccalauréat se passait alors en plein été. Il faisait chaud, et les candidats planchaient dans une salle aux fenêtres généreusement ouvertes. Sitôt le texte de la version latine distribué, un élève en faisait une boulette et l'expédiait à l'extérieur. Elle était récupérée par des camarades savants, outillés de bons manuels, qui s'empressaient de traduire convenablement le texte en français. Et qui transmettaient la bonne solution aux copains en train de passer leur examen en chantant leur texte, accompagnés d'une guitare, comme s'ils étaient une aimable bande occupée à fredonner des chansonnettes au bord de l'eau. La loi de 1901 définissant et punissant la triche au baccalauréat – avec des peines allant jusqu'à trois ans d'emprisonnement et 100 000 francs d'amende – n'avait pas encore été votée : ce stratagème n'était peut-être pas interdit… Il pourrait avoir sa place dans un film réaliste méditerranéen.

La communication avec l'extérieur, donc avec des personnes qui ont la solution des problèmes posés dans la salle d'examen, emprunte aujourd'hui, à l'heure des smartphones et de la miniaturisation de l'électronique, des moyens plus sophistiqués : émetteurs-récepteurs dans les branches de lunettes, tee-shirt avec caméra, téléphone, batterie et récepteur audio intégrés, procédés dignes des meilleurs espions…

Les nouvelles technologies de l'information, comme on dit, offrent au problème de la fraude à l'examen des solutions sophistiquées : cours photographiés dans le téléphone mobile – même si les portables sont en principe interdits dans les salles d'examen ; le fait de garder son téléphone portable, même éteint, dans sa poche est considéré comme une fraude –, calculatrices dans lesquelles sont enregistrées des formules, téléphones mobiles avec lesquels on peut immédiatement disposer de la solution du problème posé, etc. La fraude a toujours été affaire d'imagination. Et d'esprit lucratif :

des sites Internet sont dédiés à la triche ; ils proposent par exemple des étiquettes truquées (comme de fausses étiquettes d'eau minérale, apparemment pareilles à des vraies, mais truffées de formules mathématiques...), ou bien des cours entiers cachés à l'intérieur d'une calculatrice électronique.

La « fraude du siècle » a été le fait de lycéens d'Orléans, parvenus, en 1984, à entrer par effraction de nuit dans le rectorat, à y trouver les sujets du bac, à les photocopier et à repartir ni vu ni connu. Appâtés par la réussite de leurs aînés, des élèves de première – qui avaient pu se procurer les sujets de français – avaient voulu recommencer leur exploit l'année de leur terminale : leur équipée a tourné court, et leur a valu amendes et prison avec sursis. Devenu journaliste, Olivier Calenge, un des auteurs de ce cambriolage audacieux, se souvient d'avoir trouvé « assez excitant d'entrer de nuit dans le rectorat et de jouer les James Bond... ».

En 2019, quelques heures à peine après la fin de l'épreuve de mathématiques, une rumeur se répand : certains candidats étaient en possession des sujets la veille au soir. Dix jours après l'épreuve, treize lycéens, dont six mineurs, sont placés en garde à vue, à Paris, en Île-de-France, à Marseille, pour « fraude aux examens, abus de confiance et recel de ce délit ». Plusieurs perquisitions ont été menées au domicile des gardés à vue. Confiée à la police judiciaire, l'enquête a permis d'établir que les sujets avaient principalement été relayés *via* la messagerie WhatsApp ou par SMS. Qui a fait fuiter les sujets ? Comment ? Qui en a eu connaissance ? Quelle est l'ampleur de la fraude ? Combien de candidats ont eu accès à l'épreuve ou aux corrigés avant le début de l'épreuve ? Le ministère de l'Éducation s'était refusé à annuler l'épreuve, estimant que les tricheries étaient extrêmement limitées. « Ces suspicions de fuite concernent une zone géographique limitée, avait déclaré lors d'un point presse Jean-Marc Huart, directeur général de l'enseignement scolaire au ministère de l'Éducation nationale : trois à quatre établissements d'Île-de-France dans lesquels des candidats auraient reçu par réseaux privés les sujets et non pas par des réseaux sociaux, en amont des épreuves. » Tout laisse cependant penser que la fraude est plus importante qu'estimée au départ. Cette fuite des sujets constituerait-elle la « fraude du XXIe siècle » ? À suivre.

Intuitivement, la fraude a toujours été importante – dans l'affaire des « versionnaires », qui avait défrayé la chronique de l'académie de la Seine dans les années 1850, il y avait eu plus de 100 inculpés ne représentant, selon le recteur, « qu'une faible partie des coupables ». Pourtant, pendant longtemps, les sanctions contre la triche n'ont pas été très sévères, du moins n'ont-elles été que des sanctions administratives, et non pénales. De plus, ces affaires ont en général été entourées de la plus extrême discrétion – il en allait de la réputation de l'examen, de celle des lycées où les candidats étaient scolarisés, de la réputation de l'institution organisatrice, surtout dans les cas, pas rares, où les enseignants se rendaient complices des fraudes, en particulier quand, en plus de leur activité officielle, ils étaient salariés des fameuses boîtes à bac qui, aux marges de l'examen, ont toujours joué un rôle si important. Souvent les affaires de fraude ont-elles été traitées en interne, pour les étouffer. Les fraudeurs étaient simplement sermonnés... Ils semblent pourtant avoir toujours été très nombreux.

Les textes réglementant cette question ont d'abord eu pour objet, pendant tout le XIXe siècle, de prévenir la fraude. Le premier arrêté « concernant les nouvelles dispositions pour prévenir les erreurs de noms et les substitutions de personnes dans les candidatures pour le baccalauréat ès lettres » date du 11 avril 1837. Suivront des dispositions, renforcées, en 1840, 1849, 1864, pour prévenir la substitution de personnes...

Sur le plan pénal, la fraude au baccalauréat a été régie par le droit criminel (aujourd'hui appelé « droit pénal ») en vigueur dans la société. L'affaire des substitutions de personne, par exemple, est en tant que telle un délit, passible d'une peine : les personnes convaincues de ce délit sont présentées devant les tribunaux et condamnées à ce titre. Les autres fraudes, non prévues par le droit criminel, ont relevé du ministre de l'Instruction publique, qui pouvait le cas échéant déléguer l'affaire au Conseil académique qui, « après avoir entendu les délinquants, prononce outre la nullité de l'examen la peine de l'exclusion de toutes les facultés à temps ou à toujours ». À partir de 1897, les affaires de fraude au baccalauréat – premier grade de l'université, redisons-le – seront déférées non plus devant le Conseil académique mais devant le Conseil de l'université, avec une échelle de peines allant de la simple réprimande à l'exclusion définitive.

Depuis 1901 – la date est un jalon dans l'histoire du baccalauréat –, l'élève fraudeur encourt donc des sanctions pénales. La loi du 23 décembre 1901 réprimant les fraudes dans les examens et concours publics prévoit en effet que « toute fraude commise dans les examens et les concours publics qui ont pour objet l'entrée dans une administration publique ou l'acquisition d'un diplôme délivré par l'État constitue un délit ». « Quiconque se sera rendu coupable d'un délit de cette nature, notamment en livrant à un tiers ou en communiquant sciemment, avant l'examen ou le concours, à quelqu'une des parties intéressées, le texte ou le sujet de l'épreuve, ou bien en faisant usage de pièces fausses, telles que diplômes, certificats, extraits de naissance ou autres ou bien en substituant une tierce personne au véritable candidat, sera condamné à un emprisonnement de trois ans et une amende de 9 000 euros [chiffres actualisés au XXIe siècle] ou à l'une de ces peines seulement. » Les complices du délit sont exposés aux mêmes amendes et peines d'emprisonnement.

Ces dispositions strictes étaient-elles inspirées de celles en vigueur dans le Céleste Empire ? Dans la Chine impériale, si deux candidats se communiquaient leur composition – fait extrêmement improbable compte tenu des précautions prises –, ils étaient condamnés à mort et exécutés devant tous leurs camarades. Si un candidat emportait des notes, il était puni du supplice de la cangue – c'est-à-dire condamné à passer de longues heures à genoux, immobile, la tête et les mains emprisonnées dans de lourdes planches. En Chine, on ne punissait pas que les fraudes : le candidat qui s'était montré par trop insuffisant recevait cinquante coups de bâton sur la plante des pieds pour s'être présenté à l'examen insuffisamment préparé. Une manière de résoudre la surpopulation à l'examen…

En France, les candidats ont toujours eu des punitions contre les fraudes – les risques encourus – une approche fantasmatique, nourrie par les rumeurs. Les informations les plus extravagantes – terribles, inquiétantes – ont toujours circulé. À croire que l'Administration faisait courir ces bruits – des punitions accablantes – pour dissuader les fraudeurs… Sans, bien souvent, que candidats ou professeurs eussent jamais exactement su de quoi il retournait.

Aujourd'hui, l'affaire est réglée par une circulaire de 2012, relative à la préparation, au déroulement et au suivi des épreuves. En cas de flagrant délit de fraude ou de tentative de fraude, le surveillant de salle intervient pour la faire cesser. Il n'interrompt pas la participation du candidat à l'épreuve mais saisit les pièces ou matériels permettant d'établir ultérieurement la réalité des faits (téléphone portable, documents, papiers…) et rédige un procès-verbal transmis au recteur pour les éventuelles poursuites judiciaires.

Le recteur saisit la commission de discipline du baccalauréat, qui convoque le candidat – ou son représentant légal, s'il est mineur. Ce dernier peut présenter des observations (écrites ou orales) relatives aux faits reprochés, et se faire assister d'un avocat. Jusqu'à la date de la décision de la commission, le candidat ne peut ni obtenir les résultats de son examen ni s'inscrire dans un établissement public d'enseignement supérieur.

L'audience de la commission n'est pas publique – toujours ce besoin de discrétion qui entoure les questions de fraude… Le candidat, ou son représentant légal, ainsi que leur conseil y présentent des explications, et, à l'issue des débats, la commission prononce une relaxe ou une sanction disciplinaire.

Selon la gravité de la fraude, la commission peut prononcer :

— le blâme, simple avertissement donné à l'élève, qui conserve son diplôme. Il a concerné 10 % des tricheurs poursuivis en 2013 ;

— la privation de toute mention au bac : l'élève est reçu au baccalauréat sans mention. En 2013, elle a été appliquée à 4 % des fraudeurs punis ;

— l'annulation de l'épreuve : dans tous les cas où l'élève est reconnu coupable de fraude, il reçoit la note de 0 à l'épreuve au cours de laquelle il a triché ;

— l'annulation de l'examen : la commission peut décider de mettre 0 au candidat à toutes les épreuves et pas seulement à celle à laquelle il a triché ;

— le retrait du diplôme si la fraude est découverte après la délivrance du bac ;

— l'interdiction de subir tout examen conduisant à l'obtention du baccalauréat ou d'un titre ou diplôme délivré par un établissement public dispensant des formations postbaccalauréat pendant cinq ans maximum. Cette sanction peut être prononcée avec sursis si l'interdiction n'excède pas deux ans. En 2013, 60 % des élèves sanctionnés ont écopé de cette interdiction pour un ou deux ans ;

— l'interdiction de s'inscrire dans un établissement public du supérieur.

Toute sanction peut être assortie d'une inscription au livret scolaire. Dans le cas du blâme et de la privation de mention, ces inscriptions sont effacées au terme d'une année après leur prononcé. Dans le cas des autres sanctions, l'effacement intervient au terme de la période d'interdiction prononcée.

Le candidat peut faire appel de la décision en saisissant le tribunal administratif.

Le candidat fraudeur – et ses éventuels complices – encourt donc également des sanctions pénales, qui peuvent aller jusqu'à 9 000 euros d'amende et à trois ans d'emprisonnement.

Au début du XXIe siècle, environ 600 000 ou 700 000 candidats se présentent au baccalauréat chaque année. Et chaque année on enregistre entre 150 et 200 fraudes ou tentatives de fraude. C'est peu. Cela suffit à nourrir l'imaginaire qui entoure la fraude, et à rappeler les vieux souvenirs d'antisèches écrites à l'encre violette, les formules copiées en caractères minuscules sur les tables de logarithmes, les buvards noircis de notes, les cours soigneusement cachés dans les toilettes de la salle d'examen... Et les frissons au passage d'un surveillant... La fraude serait-elle, avec le bachotage et la chance, une des clefs de la réussite au baccalauréat ? Elle est en tout cas un des attributs de l'examen.

Collier de perles

Drôles, insolites, absurdes, navrantes, inquiétantes, les erreurs et maladresses des candidats font parfois sourire. Certaines formulations – farfelues, candides, ineptes – nous plongent dans des océans de perplexité. Et plongent les enseignants dans le désarroi : avoir déployé autant d'énergie pour ça ! Autant d'enthousiasme pédagogique pour tant de lacunes, tant d'ignorance ou tant de sottises ! En général, les bourdes des candidats amusent les professeurs – qui dans les plus grosses bêtises trouvent un divertissement à la fatigue de la correction des copies. Les fautes énormes, ridicules, naïves, puériles, grotesques, scandaleuses – il en est de tous les genres – plaisent aussi au commun des mortels, qui aime rire aux dépens des autres. Car les fautifs, les ridicules, les ignorants, ce sont toujours les autres. Chaque année, en effet, les correcteurs font circuler leurs plus désopilantes trouvailles : elles font la joie de la presse. Et finissent en recueils, qu'on s'offre pour les bonnes occasions. Succès garanti.

Pour ceux qui le préparent, ceux qui y préparent, ceux qui l'organisent, le premier grade de l'enseignement supérieur coûte de la peine. À ceux qu'ainsi il fait rire il apporte distraction et bonne humeur. À quelque chose erreur est bonne. Ponctuellement renouvelées et enrichies chaque année, les perles du baccalauréat constituent un bêtisier qui sans doute – à sa mesure – participe à l'inoxydable notoriété du diplôme.

Les perles ont plusieurs origines. D'abord l'ignorance : le candidat croit savoir, en réalité ne sait pas, ou bien a oublié, alors il invente. Et dit n'importe quoi. Ce qui aboutit à un résultat grotesque. Il prend un mot pour un autre. Situe mal un événement dans le temps, se trompe pour placer un lieu sur la mappemonde. Ce qui révèle une parfaite méconnaissance du cours, mais donne des résultats amusants : « L'affaire Dreyfus a eu lieu en 1578 » ; « Après la Seconde Guerre mondiale, dans les années 1920, un nouveau média apparaît : Internet » – un autre candidat, en 2017, évoque la « Seconde Guerre mondiale (47-89) » ; « Il y a de nombreuses tensions en mer de Chine à cause des îles japonaises de Suzuki et Hiroshima » ; « L'URSS, ça veut dire : Union des Royaumes de Suisse et Suède » ; « L'Otan est un vent qui souffle dans la région du Sud-Ouest »...

Autre cause de perle : une formulation maladroite, preuve de naïveté. « Les Égyptiens transformaient les morts en momies pour les garder vivants » ; « La mondialisation, c'est un peu comme une secte. On donne la main et on nous prend le bras ».

Autre origine : la méconnaissance du sens des mots. C'est ainsi que « la calomnie se répand comme une traînée de poulpes », ou bien qu'un candidat invite à « sortir de l'obscurcisme », ou qu'un autre évoque ce pauvre Louis XVI mort d'avoir eu la tête tranchée par un « coupe-raie ». En histoire, un candidat mentionne « l'appel du général de Gaulle [qui] a permit [*sic*] l'augmentation considérable des résistencialistes »...

Autre explication : la naïveté, qui pousse les candidats à se mettre en scène. En 2018, en philosophie, des candidats étaient invités à répondre à cette question : « Le désir est-il la marque de notre imperfection ? » Un candidat donne un cas concret : « Si le rêve de quelqu'un est de devenir très fort au baby-foot, il n'a qu'à obtenir son permis de construire pour une véranda par exemple où il y installera son baby-foot. Ce qui lui permettra d'être heureux » ; « Moi par exemple, écrit une autre, je désire le même mariage que la princesse Meghan Markle, mais je sais que cela ne sera pas facile à obtenir » ; « La vie, suggéra un candidat, c'est comme un sachet qui flotte, il faut se laisser diriger par le vent et arrêter de toujours vouloir tout contrôler ». Le désir n'est en tout cas pas la seule marque de notre imperfection...

Sur le bonheur, les candidats ont des idées : « Le renoncement est un acte de bonheur individuel, écrit l'un. Personnellement, quand j'ai pris la décision d'arrêter mes révisions pour le bac, j'ai ressenti un immense bonheur intérieur. Et cela malgré la peur de me retrouver tout seul dans la salle d'examen ! » ; « Mais pourquoi donc se poser ce genre de question philosophique ? interroge un autre élève. Le bonheur n'est-il pas simplement d'aller se coucher dans un parc et d'écouter les oiseaux chanter ? ». Comment ne pas mettre une bonne note à l'auteur de pareille pensée bucolique ?

L'amusement vient de ce que, au lieu de prouver des connaissances, le candidat donne son point de vue. Veut bien faire, croit exprimer du bon sens, espère convaincre. Il s'avance en réalité sur un terrain glissant… En 2018, l'épreuve de philosophie invitait à réfléchir à la notion de vérité – vaste programme. Dans les copies, les correcteurs ont trouvé de vraies leçons de sagesse. « La vérité, écrit un premier candidat, est surtout une histoire de point de vue. Les politiques, par exemple, nous racontent un jour ceci, un jour cela, et dans les deux cas ils nous font croire que c'est la vérité » ; « La vérité, observe un autre, cela fait bien longtemps que je n'y crois plus. Le monde entier est corrompu et on ne peut rien y faire » ; « Une question se posera toujours, philosophe un troisième : à savoir comment pouvons-nous être sûrs de ce que les informations nous racontent ? » Un candidat conclut : « La vérité, c'est ce qui est écrit par les vainqueurs. Il faut arrêter de raconter des carabistouilles. »

La bêtise pure et simple – parfois insondable, même au « niveau bac » – explique certaines perles. « Le Japon, a-t-on pu lire dans une copie d'histoire, n'a aucune chance de concurrencer la Chine à l'avenir, car les Japonais sont trop petits » ; « Par exemple, avant on pensait que la Terre était ronde. Maintenant, on sait qu'elle est plate ». C'est confondant. « La mort de Johnny nous a bien montré que même le président de la république [*sic*] n'est pas insensible à l'art. »

En 2018, en histoire, les candidats au bac S étaient invités à parler du continent africain face au développement et à la mondialisation. Les correcteurs ont ainsi appris que « les conditions météorologiques de l'Afrique ne lui permettaient pas de s'intégrer dans la mondialisation : il y fait affreusement trop chaud ». Ou encore : « Bien que l'argent circule en Afrique, ce territoire ne s'enrichit pas. » Ce qui effectivement laisse perplexe.

Histoire, géographie, philosophie, français sont les matières de prédilection des perles. On trouve aussi des maladresses en physique : « Archimède a été le premier à prouver qu'une baignoire peut flotter » ; « Une année-lumière est l'énergie que dépense un humain en une année pour s'éclairer ». Une copie de biologie humaine (épreuve de ST2S, 2017) permettait ainsi cette mise au point : « On trouve le cerveau chez l'homme, la cervelle chez la femme et le cervelet chez l'enfant. » Et chez les mauvais candidats, du cervelas ? Dans une copie de maths : « Il est très difficile de savoir où commence un cercle. »

Les perles ont toujours été – et demeurent – un des attributs du baccalauréat. Au point que Liesel Schiffer, excellente auteure d'un ouvrage sur le sujet, *Nos années bac*, au demeurant parfaitement documenté et illustré, rythme texte et chapitres par une collection de bourdes inventées par elle. « Comme Bonaparte, Jules César pouvait dicter plusieurs lettres à la fois, c'était un dictateur » ; « Il finit par la faire tomber de son pied d'estrade »... Ces fausses perles sont charmantes et savoureuses, et sur le rôle des perles dans l'histoire du baccalauréat ont une irremplaçable valeur indicative.

Caricatures

Autre source de popularité du baccalauréat : les auteurs satiriques. Dès sa création, le baccalauréat inspire les caricaturistes, qui emplissent journaux sérieux et publications humoristiques de saynètes inspirées des différents moments de l'examen : le candidat préparant l'épreuve, le candidat face à ses juges, le candidat face aux auteurs grecs qu'il doit expliquer et commenter, le lauréat, celui qui a échoué, etc. Ces caricatures donnent de l'importance à l'examen, à moins que les caricaturistes n'aient choisi ce thème précisément parce qu'il était populaire.

Les boîtes à bachot – et les préparateurs qu'elles emploient – apparaissent souvent sous la plume des caricaturistes. Par exemple, dans *Le Petit Journal du rire*, en 1856. À l'enseigne « Au parfait bachelier. Éclosion artificielle. Système Dubahut », on voit un répétiteur gaver un candidat de connaissances, à la manière d'une oie. Le répétiteur est curieusement coiffé d'un chapeau oriental. Fermement ligoté sur sa chaise, le malheureux candidat semble incapable d'échapper à ce qu'on lui fait ingurgiter... Et, à force de s'arrondir, paraît terriblement souffrir.

En 1881, le journal *La Caricature* publie un « Manuel comique du baccalauréat », constitué d'une « Géométrie drolatique descriptive » par Draner (Jules Renard, dit Draner, 1833-1926). « La géométrie, est-il précisé, est la science par laquelle on peut mesurer les lignes, les surfaces, les corps et les volumes ; aussi, grâce à cette science unique, mais abrutissante, on peut s'édifier sur les divisions de la droite, connaître les relations du cercle (des Mirlitons), sonder les rapports des grandeurs incommensurables des volumes... de M. Zola, suivre les diverses lignes politiques, calculer la surface offerte par nos brasseurs d'affaires, chiffrer les corps de Mlles Tassily et Sarah Bernhardt, etc., etc. » La brochure présente une série de caricatures, inspirées par les personnages dans l'air du temps et l'actualité du moment. Réalisées à l'aide de classiques figures de géométrie, le carré, le cône, le parallélogramme, le triangle, etc., elles permettent de faire une satire très complète de la société. À leur tour, les méthodes d'apprentissage de l'examen sont par ce procédé tournées en dérision. Le baccalauréat mène à tout.

En 1893, le journaliste Alexis Lemaistre publie *Potaches et Bachots*, amusant ouvrage sur les élèves de tous niveaux, potaches, bachots, lycéens, collégiens, universitaires, etc. Illustré par ses soins d'une quarantaine de planches hors-texte, ce beau volume parfaitement documenté, qui trace à gros traits l'histoire de l'instruction publique en France, a popularisé un certain nombre de situations relatives au baccalauréat, « L'écrit du bac ès lettres », « Les Vainqueurs », qui montrent les lauréats couronnés de lauriers, « Les Professeurs » en toge, à l'imitation des professeurs de l'université, « le dernier candidat », « une future bachelière »...

Quand, en 1902, le baccalauréat est réformé pour créer quatre séries, dont une sans latin, c'est, assurent les promoteurs de cette réforme, pour rendre le baccalauréat « moderne ». Sous le titre « Baccalauréat ultramoderne », le dessinateur Henriot (Henri Maigrot, dit Henriot, 1857-1933) se moque, vignettes à l'appui, du ministre de l'Instruction publique.

« Je demande à M. Leygues la création d'un cinquième baccalauréat, éminemment pratique, ultramoderne. On ne demanderait aux candidats que des choses utilitaires.

— Une automobile arrive sur vous à la vitesse de 150 à l'heure, comment faites-vous pour l'éviter ?

— Vous devez 12 millions à vos créanciers, comment faites-vous pour éviter la banqueroute et leur demander 1 million de plus ?

— Quelles sont les formalités nécessaires pour vous faire décorer ?

— Comment vous sauvez-vous en cas d'incendie ou déménagez-vous à la cloche de bois ?

— Comment faites-vous pour allumer les allumettes de la régie ?

— Combien de jurons faut-il proférer avant d'obtenir la communication au téléphone ?

— Dites-nous quelques-unes des blagues qu'on raconte aux électeurs pour se faire élire député.

— Comment vous y prenez-vous pour retirer de l'argent à la Caisse des dépôts et consignations ?

— Vous n'avez aucun talent. Par quel moyen arrivez-vous, à Paris, à devenir célèbre ?

— À quel marchand faut-il s'adresser pour avoir du lait pur ou du vin non frelaté ?

« Muni du précieux parchemin, le nouveau Rastignac pourra se lancer dans la vie… »

Au milieu du XXe siècle, le dessinateur Chen (Maurice-Albert Chenechot, dit Chen, 1912-2001) montre un candidat perplexe face à un alignement de vieux messieurs barbichus et intimidants. Le président du jury, pas mal intentionné :

« Ma question vous embarrasse, jeune homme ?

— Oh ! Non, m'sieu, c'est la réponse ! »

À la même époque, un dessin de Jacques Pruvost (1901-1984) montre la sortie d'une épreuve du bac – les uns sont en pleurs, les autres joyeux. Un candidat confie à son copain :

« J'ai resquillé.

— T'as copié ? demande l'autre.
— Non. J'avais appris tout le programme par cœur. »

Des années 1960 aux années 1990 – et un peu après –, le dessinateur Cabu a raconté les aventures du Grand Duduche. Ce lycéen mince, blond, rêveur et naïf est équipé de petites lunettes rondes, ne porte que des jeans, est toujours chaussé de baskets. Il est éternellement amoureux de la fille du proviseur – qui ne le paie pas en retour. D'abord publiées en magazines, *Pilote*, *Charlie-Hebdo*, *Charlie mensuel*, les aventures sont publiées sous forme d'album à partir de 1967. Le tome 5 des aventures du Grand Duduche – hommage au fameux diplôme ? – est précisément intitulé *Passe ton bac d'abord, après on verra*.

Ainsi parlent-ils du bac : aphorismes et opinions

Écrivains – parfois très grands –, moralistes, humoristes, philosophes, penseurs ont émis des avis sur le bac. Passés en dictons, leurs remarques ironiques ou désabusées, leurs avis et sentences – souvent percutantes – participent à la notoriété du diplôme. Il y a une phrase pour chaque situation, une consolation officielle pour chaque déplaisir, une formule solennelle pour chacun des sentiments inspirés par l'examen. Les candidats bacheliers y trouveront de quoi s'encourager, les recalés pourront y voir du réconfort. Et les bacheliers, avec ces formules nourries par l'expérience, seront obligés de mettre leur fierté à distance.

« J'ai été expulsé du lycée pour avoir triché pendant un examen de métaphysique ; je lisais dans les pensées de mon voisin », Woody Allen.

« Quand on n'a pas le bac, on fait acteur », Yvan Attal, comédien.

« On se marie exactement comme on passe son baccalauréat ou son permis de conduire : c'est toujours le même moule dans lequel on veut se couler pour être normal, normal, NORMAL, à tout prix », Frédéric Beigbeder, *L'amour dure trois ans.*

« L'échec légendaire de Zola au bachot a réconforté beaucoup de candidats – qui n'étaient pas Zola », Tristan Bernard, *Les Nouvelles Épîtres.*

« Lycée. 1/ École antique où l'on s'entretenait de philosophie. 2/ École moderne où l'on discute de football », Ambrose Bierce, *Le Dictionnaire du diable.*

« Étudiants, étudiantes, ne vous présentez plus au bac : prenez le pont de Tancarville ! », Francis Blanche.

« Dans la vie, il faut choisir : être riche ou bachelier », Frédéric Dard.

« Les diplômes sont faits pour les gens qui n'ont pas de talent. Vous avez du talent ? Ne vous emmerdez pas à passer le bac », Pierre Desproges, *Fonds de tiroir.*

« J'ai toujours réussi à rater tous mes examens », Raymond Devos, *Je me suis fait tout seul.*

« Il y a deux éducations : la première que l'on reçoit au lycée, la seconde que l'on se donne à soi-même ; la première est indispensable, mais il n'y a que la seconde qui vaille », Émile Faguet, *L'Art de lire.*

« Alors, comme je n'étudiais rien, j'apprenais beaucoup », Anatole France.

« Un bachelier est un homme qui apprend et un docteur un homme qui oublie », Antoine Furetière.

« Le difficile n'est pas de sortir de l'X mais de sortir de l'ordinaire », Charles de Gaulle.

« Il a raté son bac du premier coup », Jean-Marie Gourio, *Brèves de comptoir.*

« L'avantage des gens qui n'ont pas le baccalauréat, c'est qu'ils le préparent leur vie durant », Günter Grass, *Atelier des métamorphoses.*

« À quoi bon apprendre ce qui est dans les livres, puisque ça y est ? », Sacha Guitry.

« La grande supériorité de l'examinateur est de se trouver du bon côté de la table », Édouard Herriot.

« En France, on fait sa première communion pour en finir avec la religion ; on prend son baccalauréat pour en finir avec les études, et on se marie pour en finir avec l'amour… et on fait son service pour en finir avec le devoir militaire », Jean Jaurès, *L'Armée nouvelle.*

« Dans un examen, des gens qui ne veulent pas savoir posent des questions à des gens qui ne peuvent pas répondre », Walter Alexandre Raleigh, *Some Thoughts on Examinations.*

« Le plus simple écolier sait maintenant des vérités pour lesquelles Archimède eût sacrifié sa vie », Ernest Renan, *Souvenirs d'enfance et de jeunesse.*

« Un homme de lettres, c'est un homme qui a passé son baccalauréat ès lettres. Et encore !... », Jules Renard.

« L'avantage de la prison sur le collège, c'est qu'en prison on n'est pas obligé de lire les livres écrits par les geôliers », George Bernard Shaw.

« Le bac, c'est comme la lessive : on mouille, on sèche... et on repasse », Henri Troyat.

« Le baccalauréat est le certificat que donne l'État et qui atteste à tous que le jeune Untel ne sait absolument rien faire », Paul Valéry, *Cahiers.*

« Dans les examens, les imbéciles posent des questions auxquelles les sages ne peuvent pas répondre », Oscar Wilde.

Le bac dans la littérature et au cinéma

Baccalauréat et bacheliers vus par les écrivains

Gustave Flaubert (1821-1880) a passé son baccalauréat en 1840. Voici le procès-verbal de son examen :

Université de Rouen/Académie de Rouen/Certificat d'aptitude

Nous soussignés, docteurs ès lettres, membres d'examen de l'Académie de Rouen à la commission d'examen de l'Académie de Rouen.

Après avoir vu les certificats des études en rhétorique et en philosophie faites par le Sr Gustave Flaubert, né à Rouen, dépt de la Seine-Inférieure, le 8 décembre 1822, dans le Collège royal de Rouen et dans la maison paternelle, lesquels certificats sont annexés au présent.

Avons examiné ledit Sr Gustave Flaubert pendant 3/4 d'heure sur les objets suivants :

Les réponses ont été :

1° en grec sur Démosthène : passables
2° en latin sur Tite-Live : assez bonnes
3° sur la rhétorique : assez bonnes
4° sur l'histoire et la géographie : assez bonnes
5° sur la philosophie : passables
6° sur les mathématiques élémentaires : passables
7° sur les éléments de physique : passables

Après avoir pris lesdites réponses en considération ou avoir délibéré nous l'avons jugé digne du grade de bachelier ès lettres.

En foi de quoi nous lui avons délivré le présent certificat.

Fait à Rouen, le 3 août 1840

Dainez, C. Mallet, Paillet, M. Grout, Magnier.

Malgré une légère erreur dans la date de naissance portée au procès-verbal – Gustave Flaubert est né en 1821 et non en 1822 –, l'examen s'était donc pour lui passé pour le mieux. Il était de la dernière promotion à n'avoir pas eu à subir un examen écrit. Ce qui n'a pas empêché le romancier, dans *L'Éducation sentimentale* (1869), récit des aventures de Frédéric Moreau précisément au moment où il vient d'obtenir son bachot, comme on disait, d'imaginer, dans l'effervescence de la crise sociale de 1848, des révolutionnaires demander l'abolition du fameux diplôme. Dans une surenchère de réclamations, on entend :

« Plus d'académies ! Plus d'Institut !

— Plus de missions !

— Plus de baccalauréat !

— À bas les grades universitaires !

— Conservons-les, mais qu'ils soient conférés par le suffrage universel, par le Peuple, seul vrai juge ! »

Nulle part le romancier n'a si bien exprimé la hantise du néant qu'il découvre au fond de l'existence – et de l'âme – humaine.

Le baccalauréat est ainsi présent dans la littérature française depuis Flaubert jusqu'à nos jours. Ce que les écrivains racontent du diplôme, de l'examen, des conditions de sa préparation ou de son obtention, des candidats, des diplômés vaut toutes les études de sociologie, d'histoire sociale, ou des sciences de l'éducation : dans ces œuvres littéraires, le diplôme révèle sa véritable place dans la société.

L'endroit où se prépare le baccalauréat, le collège, évolue peu au XIXe siècle : « D'Iéna à la bataille de la Marne, la vie quotidienne dans les lycées et collèges ne se modifie guère, sinon par touches insensibles », observe Paul Gerbod (*La Vie quotidienne dans les lycées et collèges au XIXe siècle*, 1968). Dans l'ensemble, le collège fait l'objet d'un constat à peu près unanime chez tous les grands auteurs du XIXe siècle : endroit sinistre, pareil à une caserne, lieu de brimade et d'un travail idiot, ils en conservent un mauvais souvenir, et ne l'aiment pas. Musset : « Conçus entre deux batailles, élevés dans des collèges aux roulements des tambours, des milliers d'enfants se regardaient entre eux d'un œil sombre, en essayant leurs muscles chétifs » (*Confessions d'un enfant du siècle*). Hugo : « Que d'ennuis ! de fureurs ! de bêtises ! » (*Les Contemplations*). Flaubert :

« Le collège m'était antipathique [...] Je n'ai jamais aimé une vie réglée, des heures fixes, une existence d'horloge où il faut que la pensée s'arrête avec la cloche, où tout est remonté d'avance, pour des siècles et des générations » (*Mémoires d'un fou*). Au siècle suivant, Anatole France : « Tout, au collège, me rendait l'étude odieuse et la vie insupportable » ; il dénonce « ces examens et concours qui abîment le cerveau », « un enseignement de masse qui s'adresse uniquement à la mémoire », un examen « bien fait pour avilir en même temps les candidats et les examinateurs » (*La Vie en fleur*).

Vallès a fixé les critiques du baccalauréat autour de trois thèmes principaux. D'abord l'examen en lui-même, les épreuves, les connaissances exigées, les professeurs qui y préparent. Ensuite, il dénonce le « certificat de bourgeoisie » que constitue le diplôme pour lequel les parents font des sacrifices, car il donne la clef de tous les emplois honorables de la société. Enfin, c'est un point positif, Vallès voit dans le baccalauréat un rite d'initiation à l'âge adulte, et, toute douloureuse et incertaine qu'elle soit, l'instrument d'une libération possible. Thèmes, quand il est question du baccalauréat, qui traversent toute la littérature française du XIXe à aujourd'hui.

Dans *L'Enfant*, Vallès jette une lumière crue sur l'absurdité des questions posées au baccalauréat – et donc sur le contenu des matières enseignées dans le secondaire. Pour avoir affirmé qu'il y avait « huit facultés de l'âme », et s'être entendu répondre par le professeur de philosophie du jury : « Dans le collège de Paris où vous étiez, il y en avait peut-être huit, monsieur. Nous n'en avons que sept *en province* », Jacques Vingtras est « appelé à se présenter à une autre session ».

Marcel Proust dénonce lui aussi la stupidité d'un examen qui suffit à provoquer la reconnaissance sociale, alors qu'on exige des candidats, pour y réussir, de réciter par cœur un catalogue de lieux communs, sans la moindre réflexion personnelle. Critiques qu'il a l'occasion de formuler dans le portrait de M. de Norpois : « Qu'on le sache bien au quai d'Orsay, qu'on l'enseigne désormais dans tous les manuels de géographie qui se montrent incomplets à cet égard, qu'on refuse impitoyablement au baccalauréat tout candidat qui ne saura pas le dire : Si tous les chemins ne mènent pas à Rome, en revanche, la route qui va de Paris à Londres passe nécessairement par Pétersbourg » (*À la recherche du temps perdu*).

La sottise de l'effort demandé pour réussir au baccalauréat est unanimement dénoncée. Par exemple par Max Jacob : « J'allais perdre encore deux ans pour préparer mon baccalauréat ; car je ne suis, savez-vous, pas très fort en latin » (*Le Cornet à dés*). Ou bien par Paul Valéry : « Il s'agit d'emprunter, et non plus d'acquérir, d'emprunter ce qu'il faut pour passer le baccalauréat. [...] On sait un latin, ou, plutôt, on fait semblant de savoir un latin, dont la version du baccalauréat est la fin dernière et définitive » (*Le Bilan de l'intelligence*).

Toutes sortes de types sociaux ou de pratiques tournant autour du baccalauréat émaillent la littérature contemporaine. Par exemple la recommandation d'un candidat auprès d'un jury, pratique semble-t-il très répandue. Dans *Le Songe*, Henry de Montherlant raconte la « ridicule histoire » de Stanislas Prinet, fils unique, orphelin, « perdant la tête à son baccalauréat, se faisant *recaler*, devant refaire un an d'études, après s'être abruti de travail maladroit, tout cela pour avoir refusé de se laisser recommander, quand rien n'était plus facile ». La figure du recalé au baccalauréat se retrouve ici ou là, par exemple dans *Clochemerle* de Gabriel Chevallier (Raoul Girodot, fils du notaire, est présenté comme « résolument cancre, [...] dissipateur et terriblement fantaisiste »), ou bien Marcel, dans *Mon village à l'heure allemande*, de Jean-Louis Bory, qui se fait traiter par son père de « cancre et fripouille ».

À la suite de Vallès, et dans les genres les plus variés, la littérature offre de nombreux exemples de petits-bourgeois pratiquement déçus par le diplôme qu'ils ont acquis, ceux que Bernanos appellera le « prolétariat bourgeois ». Le nombre de ces surclassés déclassés ne cessera de grimper, avec le nombre des bacheliers.

Le baccalauréat, moment de l'entrée dans l'âge adulte, est fréquemment évoqué par les écrivains. Par exemple Alexandre Vialatte. Dans *Les Fruits du Congo*, il montre le ridicule de Frédéric endimanché pour aller passer l'examen : il « partit sur la route du bachot, coiffé comme un chef de rayon, en retenant son pantalon à pleine poignée ».

Raymond Queneau rattache lui aussi le baccalauréat au passage de l'enfance – ou de l'adolescence – à l'âge adulte. Dans *Le Chiendent*, il résume ainsi la vie de Narcense, bachelier ès lettres et musicien :

« — Enfance : oreillons, rougeole, scarlatine. Première communion. Fièvre typhoïde.

— Adolescence ?

— Adolescence : appendicite, eczéma, furonculose. Baccalauréat première partie. Voyage à Marcheville, chez sa grand-mère. Panaris. Baccalauréat deuxième partie. Conservatoire. Chute sur la tête. Cicatrice. »

Les cadeaux offerts à des lauréats – on en trouve souvent dans les romans du XXe siècle, chez André Gide, Claude Simon, Raymond Guérin... – montrent l'importance accordée à l'obtention du diplôme par les milieux aisés où se situent ces histoires : ce jalon dans la vie d'un jeune homme – ou d'une jeune fille – est à marquer d'une pierre blanche.

D'autres écrivains ne sont pas dupes de leur succès et de la valeur du diplôme. Par exemple Boris Vian : « On m'a fait croire, en sixième, que passer en cinquième devait être mon seul progrès... en première, il m'a fallu le bachot... et ensuite un diplôme... Oui, j'ai cru que j'avais un but [...] et je n'avais rien... J'avançais dans un couloir sans commencement, sans fin, à la remorque d'imbéciles [...]. On roule la vie dans des peaux d'ânes. Comme on met dans des cachets les poudres amères, pour vous les faire avaler sans peine. »

Avec ou sans présents, de nombreux romans français du XXe siècle montrent, au contraire, la fierté des candidats après leur réussite à l'examen, fierté non seulement d'avoir réussi l'épreuve scolaire, mais fierté d'être surtout parvenus à s'avancer dans la vie à un bon niveau, le bac (chez Alfred Jarry, Valery Larbaud, Louis Aragon, Françoise Sagan, etc.) devenant clairement synonyme d'entrée dans l'âge adulte – et dans la voie des conquêtes amoureuses –, promesse d'une autonomie par rapport à la cellule familiale. Pour Joseph Zobel, dans la Martinique des années 1930, l'examen demeure « une porte étroite au-delà de laquelle existe l'immensité offerte » (*La Rue Cases-Nègres*, 1950). Belle preuve de foi dans le système méritocratique républicain.

Le bac au cinéma

La dramaturgie du baccalauréat est parfaite. C'est un moment paroxystique, qui couronne plusieurs années d'études secondaires et plusieurs mois de préparation. On n'y arrive qu'au terme d'une tension qui va nécessairement *crescendo*. Et la tension se dénoue forcément, d'une façon ou d'une autre, avec le prononcé des résultats. L'examen se prépare en général dans un monde clos, classe ou lycée, où les mêmes protagonistes, élèves et professeurs, évoluent côte à côte pendant des mois : à l'unité d'action s'ajoute l'unité de lieu, c'est idéal. Enfin, le baccalauréat a une grande valeur symbolique : il permet de passer des années insouciantes de la jeunesse au monde des adultes, de l'univers théorique des livres à celui, enthousiasmant, exaltant ou inquiétant, de la « vraie » vie.

Il n'est pas étonnant que plusieurs réalisateurs, depuis une cinquantaine d'années, aient utilisé ce moment pour bâtir des œuvres de fiction. Le baccalauréat sert de prétexte – et de révélateur – pour parler du monde contemporain, ses caractéristiques, ses problèmes. Des films de fiction autour du bac, il en est dans les genres les plus divers, de la comédie au drame. Quelques exemples.

L'Année du bac, de Maurice Delbez et José-André Lacour (1964), avec Jean Desailly, Simone Valère, Élisabeth Wiener. Adapté de la pièce de théâtre éponyme, ce film évoque les conflits entre générations. Dans une petite ville de province, une bande de sympathiques lycéens, de différents milieux sociaux, prépare le bac. Un des garçons organise une surprise-partie mais omet d'inviter la fille qui en pince pour lui. Cette dernière se venge en lui dévoilant une infidélité de son père. Troublé, le jeune homme n'a plus le cœur aux études. La tension monte et la fête sera pour chacun l'occasion d'un règlement de comptes impliquant les parents des autres. Le drame n'est pas loin…

Passe ton bac d'abord, de Maurice Pialat (1978), avec Annick Alane, Michel Caron, Christian Bouillette, évoque la vie de jeunes gens et de jeunes filles de Lens, dans le nord de la France, l'année de leur préparation du bac. Tous sont un peu désabusés, sans perspective, inquiets. Issus de milieux modestes, touchés de plein fouet par les débuts du chômage, les lycéens se retrouvent régulièrement dans un café pour partager leurs angoisses. Passe ton bac : un message de désespoir que cette injonction à passer un examen dont on pressent qu'il ne suffira pas forcément à trouver un emploi ou des études aux débouchés intéressants… Le professeur de philosophie (incarné par Jean-François Adam) partage le quotidien sombre et le pessimisme de ses élèves.

Le Pion, de Christian Gion (1978), avec Henry Guybet et Claude Jade, évoque un brave homme, Bertrand Barabi, professeur de français suppléant et pion dans un lycée de province. Il est méprisé par ses élèves et par les enseignants de son établissement. Sa voisine, mère esseulée d'un de ses élèves, nourrit à son égard de tendres sentiments, apprécie ses essais littéraires, l'encourage à écrire un roman. Publié sous pseudonyme, le livre obtient un immense succès, et tout finit pour le mieux dans le meilleur des mondes possibles. Le film est amusant en ce qu'il met en situation une vieille rumeur relative au bac. Le professeur donne à ses élèves pour sujet : « Qu'est-ce que le risque ? » L'un d'eux rend sa copie presque immédiatement, pour ainsi dire vide, ce qui lui vaut un 18 sur 20. « Voilà quelqu'un qui a pris un risque », commente le professeur, tandis que les autres ont « réfléchi sur le risque »…

Une semaine de vacances, de Bertrand Tavernier (1980), avec Nathalie Baye, Gérard Lanvin, Michel Galabru, ne concerne pas directement le baccalauréat, mais le métier d'enseignant. Au commencement du film, comme pour donner une mesure de l'embarras des enseignants, surgit sur l'écran une citation de Jacques Prévert : « Éducation nationale : Tout condamné à vivre aura la tête bourrée ». Le film a pour décor Lyon, au cours de l'hiver 1980. Déprimée, une jeune enseignante, Laurence, doutant d'elle-même et de sa vocation, prend une semaine d'arrêt de travail pour surmenage. « C'est les maths qu'il faut enseigner, lui dit le médecin qui lui prescrit son congé, ça c'est du solide ! Même après Mai 68, un angle droit est resté à 90° ! » Pas de chance : elle enseigne le français... Ses vacances ? Une semaine de réflexion sur sa vie et sa carrière. Et sur les vertus du doute.

Les sous-doués passent le bac, de Claude Zidi (1980), avec Michel Galabru, Maria Pacôme, Daniel Auteuil. Cette comédie à l'humour potache narre les aventures d'une bande de cancres prêts à tout pour avoir leur bac sans travailler. Daniel Auteuil en est le chef. C'est donc la guerre entre la directrice de la boîte à bac et ses clients-élèves. Un jour, après qu'une plaisanterie a mal tourné, les joyeux drilles sont obligés de réussir... Ruse, triche et bonne humeur leur seront alors nécessaires. Le film aura une suite, en 1982, *Les Sous-Doués en vacances*, qui raconte les tribulations des anciens élèves du cours Louis XIV, désormais tous bacheliers.

Noce blanche, de Jean-Claude Brisseau (1989), avec Bruno Cremer et Vanessa Paradis, met en présence un professeur de philosophie, qui éprouve un étrange envoûtement pour son élève Mathilde, jeune fille abandonnée à elle-même dans une maison du vieux

Saint-Étienne. Difficile, marginale, elle est menacée de renvoi, il lui donne des cours de rattrapage, et l'aide à préparer le bac. Face au cynisme de son élève – « On naît sans avoir rien demandé, on s'agite et on meurt », dit-elle –, l'enseignant use d'arguments tirés de son métier – « La culture et les diplômes vous aideront à vous agiter mieux et plus agréablement ». Un amour aussi passionné que délétère fait basculer maître et élève dans la tragédie.

Le Péril jeune, de Cédric Klapisch (1994), avec Romain Duris, Vincent Elbaz, Nicolas Koretzky, fait revivre les années lycée d'un groupe d'amis, sur fond de drogue, de révolution étudiante, d'amour et de rock'n'roll. Plusieurs années après le lycée, une bande d'amis apprend que l'un des leurs est mort d'une overdose, laissant derrière lui une femme enceinte. Se retrouvant pour soutenir sa femme au moment de l'accouchement, les amis se remémorent leurs années de lycée et confrontent leurs souvenirs, parfois bien différents les uns des autres.

Grand Oral, court métrage de Yann Moix (2000), avec Philippe Vieux, Julie Depardieu, François Berléand, montre Gilbert Dandieu, trente ans, anxieux. Il vient repasser un examen qu'il a déjà raté plusieurs fois. Il attend son tour dans le couloir parmi la foule bigarrée des candidats. C'est enfin à lui…

Les Irréductibles, de Renaud Bertrand (2006), avec Jacques Gamblin, Kad Merad, Rufus : pas simple de se recaser à quarante ans quand on vient de perdre son boulot et qu'on est sans diplôme ! Malgré leur solide expérience professionnelle, Michel et Gérard en font l'amer constat : pas de bac, pas d'emploi ! Pour se « recycler », Michel décide de passer ce fameux bac qu'il n'a jamais décroché. Il entraîne son pote Gérard au lycée, où il retrouve son fils, Philippe, bien peu concerné par la perspective de l'examen. Ce pari insensé ne manquera pas de provoquer l'incompréhension de leur entourage et l'ironie des voisins de cette petite ville du Bordelais où rien ne se dit, mais où tout se sait. Il leur permettra surtout de retrouver la plus importante des armes : la confiance en soi !

Nos 18 ans, de Frédéric Berthe (2008), avec Théo Frilet, Valentine Catzéflis, est un remake de *Notte prima degli esami* de l'Italien Fausto Brizzi (2006). À quelques jours du bac, Lucas décide de régler ses comptes avec son professeur de philosophie. Le dernier jour de cours, il l'insulte copieusement, le traite, entre autres, de sadique, de raté, de salaud… Pas de chance, M. Martineau est membre du jury aux oraux ! Le soir même, à une fête, Lucas rencontre Clémence, pour qui il a le coup de foudre. De la soirée il n'arrivera qu'à apprendre son prénom. Dans la période qui sépare la fin des cours du jour de l'examen, Lucas et ses copains d'un côté, Clémence et deux amies de l'autre, chacun révise son bac tout en laissant libre cours à sa vie sentimentale, passablement animée. Finalement, après avoir réussi brillamment son oral de rattrapage (17 en philo), Lucas retrouve Clémence – qui n'est autre que la fille du professeur de philosophie. Dans une lettre, elle lui a avoué son amour. À l'occasion de ces retrouvailles, les deux amoureux s'échangent un baiser fusionnel, dénouement du film.

À toute épreuve, d'Antoine Blossier (2014), avec Marc Lavoine, Valérie Karsenti, Thomas Solivérès, a pour slogan publicitaire : « Tu passes ton bac, nous on le braque ! » Cette comédie adolescente met en scène Greg, élève de terminale, qui, avec des amis, va tenter de voler les sujets du bac. S'ensuivent des péripéties déjantées et explosives. Pour réaliser ce *teen-movie*, le réalisateur s'est inspiré d'un fait divers – évoqué plus haut – avec lequel il a évidemment pris des libertés pour créer un univers presque cartoonisé.

Baccalauréat de Cristian Mungiu (2016), avec Adrian Titieni, Maria-Victoria Dràguş, Lia Bugnar, a été récompensé au Festival de Cannes par le prix de la mise en scène. Les thèmes de la corruption, des rapports entre jeunes et parents, et de l'avenir de l'Europe actuelle construisent ce drame social tendu par une interrogation : Romeo, médecin installé en Transylvanie, parviendra-t-il à aider sa fille à avoir son bac ? La veille de l'épreuve, cette excellente élève a en effet été agressée. Son examen est compromis, et avec son échec pourraient s'évanouir tous les espoirs que ses parents ont placés en elle, et d'abord la perspective d'études en Grande-Bretagne, et la découverte d'une vie meilleure…

Rattrapage, de Tristan Séguéla (2017), avec Anthony Sonigo, Jimmy Labeeu, Baptiste Lorber, est une comédie « pour jeunes » censée refléter la manière de vivre des ados. Le film est un festival de musique électro, mêlé, pour le meilleur et surtout pour le pire, aux révisions des épreuves de rattrapage du bac…

Enfin, *Ma terminale* est une série télévisée française en 25 épisodes de vingt-six minutes réalisée par Stéphane Meunier, diffusée en 2004 sur M6. La série a été tournée à Rochefort-sur-Mer au lycée Merleau-Ponty. Élève de terminale, Margot doit préparer un projet option cinéma pour son bac. Elle décide de filmer la vie de sa classe, mais un nouvel élève, Manu, arrive… La série est tournée à la manière d'un documentaire, où des acteurs professionnels prennent le rôle des adolescents. Entre fiction et réel, on vit histoires d'amour et d'amitié, déceptions, colères, joies de cette classe. Par-dessus tout, grâce à Margot, on découvre l'intimité de 16 lycéens, et leur combat pour le deuil d'un ami…

À côté de ces œuvres de fiction, plusieurs films documentaires évoquent le célèbre diplôme :

Les Derniers Jours du baccalauréat ?, d'Olivier Lamour (1997), brosse un portrait de l'examen à l'heure de sa démocratisation de masse. « Monument national, explique l'auteur, lieu de mémoire, pilier de la République, le baccalauréat, institué pour être le "certificat de bourgeoisie" d'une élite restreinte, est devenu, depuis les années 1960, le symbole du diplôme pour tous, le parchemin de l'école de masse. Or, cette évolution, cette révolution, ces "Trente Glorieuses" du bac l'ont conduit au bord de l'implosion. »

Le Baccalauréat : deux siècles d'épreuves, de Patrick Cabouat (2002), raconte, des origines à la fin du XXe siècle, l'histoire de « l'un des derniers rites de passage, après la disparition du service militaire et la perte de vitesse de la communion », dont la fonction première serait « peut-être plus une fonction sociale, voire une fonction mythique, qu'une fonction scolaire ».

Chante ton bac d'abord, de David André (2014), avec Gaëlle Bridoux, Nicolas Dourdin, Caroline Brimeux – qui jouent leur propre rôle –, suit une bande de jeunes de Boulogne-sur-Mer, durement touchés par la crise, et montre leurs illusions, leurs espoirs sur l'avenir. Ce documentaire juste et pétillant est parsemé de séquences de chansons, interprétées par les jeunes, qui du réalisme font basculer dans la poésie, le rire, l'émotion.

Passe ton bac d'abord, film documentaire d'Anne-Sophie Lévy-Chambon (2020), donne la parole à des femmes et des hommes qui tentent de se réinventer, en suivant des cours du soir pour décrocher leur bac. Boulanger, chauffeur de taxi, éboueur, femme de ménage, gardien d'immeuble, comédienne, aide-soignant, employé de mairie, ils ont vingt-quatre ans, quarante ans ou même soixante-dix ans. Ils ont des emplois, et suivent en même temps une scolarité de seconde, première et terminale pour enfin décrocher leur bac dans le seul lycée de France offrant cette possibilité à des adultes. Tous ont en commun le goût d'apprendre et un parcours inachevé à accomplir. Des rencontres tendres, des récits intimes et la preuve universelle que le savoir, c'est le pouvoir.

Pour ne pas quitter le domaine de l'audiovisuel, il faut signaler que le baccalauréat sert à attirer de nouveaux spectateurs sur des plateformes de cinéma. Plusieurs sites, soi-disant d'aide à la préparation à l'examen, ont établi à l'intention des élèves de véritables emplois du temps, les invitant à regarder des collections de séries. « Il est possible, suggère ainsi le site diplomeo.com, de se faire un marathon audiovisuel en regardant des séries qui alimenteront vos connaissances personnelles et, qui sait, peut-être vos copies d'examen. » Et de suggérer des séries pour revoir langues, histoire, littérature, latin… « Finalement, concluent les animateurs de ce site, toutes ces séries peuvent être un atout de plus pour donner des exemples lors de vos rédactions ou mémoriser des informations. Elles servent aussi à varier vos supports pour réviser, mais n'oubliez tout de même pas votre sérieux et vos livres ! »

Des documentaires – ou des études sociologiques – seront bientôt à réaliser sur les films regardés par les candidats au baccalauréat, avec des statistiques comparées entre les candidats cinéphiles et les autres…

La vie quotidienne au temps du baccalauréat

Le passage du bac, moment de l'année, moment de la vie

L'examen, qui termine l'année de terminale, est à la fois le point final de la scolarité – commencée à l'école maternelle – et le but de l'enseignement secondaire. Autant dire que, à titre individuel, le baccalauréat est, pour les candidats, un moment crucial, et qu'à ce titre ils subissent une grosse pression. Les enjeux sont d'autant plus importants que les candidats n'ont pas souvent l'occasion de s'entraîner. Il y a certes des « bacs blancs », sortes de galops d'essai répartis au cours de l'année de terminale, mais qui ne reproduisent qu'imparfaitement les conditions de l'examen ; le candidat les passe avec ses professeurs, au milieu de candidats qu'il connaît, dans des locaux familiers, etc. Il manque le décorum et la tension réelle de l'examen.

Le baccalauréat, comme s'il avait été conçu pour cela – c'est un des attributs de son caractère initiatique –, est une véritable machine à produire de l'anxiété.

L'examen est stressant pour le candidat – qui affronte d'une certaine façon l'inconnu, et mesure tout ce qu'il a à perdre en cas d'échec –, également stressant pour son entourage. La communauté entière, du coup, la famille, les proches se trouvent associés à ce temps fort de la vie de l'élève candidat. Et si elle laisse des souvenirs au candidat lui-même, souvent l'épreuve du baccalauréat en laisse également à sa famille...

Les images, toujours renouvelées, d'immenses salles pleines de petites tables individuelles isolées les unes des autres, et derrière chaque table un candidat, ne font rien pour apaiser l'anxiété des candidats. Images inhumaines que journaux et télévisions se plaisent à montrer au début de chaque nouvelle session du baccalauréat – même si elles ne correspondent pas toujours à la réalité, les candidats étant souvent appelés à composer dans des salles de classes ordinaires, moins gigantesques que celles montrées dans les reportages racoleurs, parfois même dans les classes de l'établissement qu'ils ont l'habitude de fréquenter... –, images qui participent à la dramaturgie de l'épreuve, et contribuent, chez les candidats, à faire monter le stress.

Épreuve officielle : le candidat reçoit une convocation solennelle, doit prouver son identité, scrupuleusement respecter le règlement. Il doit patiemment attendre l'heure précise, quand le responsable de la salle décachettera les enveloppes contenant les sujets. Moment prestigieux. Avec le stress et un gros enjeu, tous les ingrédients d'une affaire importante sont réunis.

À la fin du XIXe siècle, dans *Potaches et Bachots*, Alexis Lemaistre avait déjà décrit cette fièvre : « La session du baccalauréat est ouverte !... »

« Oh ! le baccalauréat, quel cauchemar ! le papa ne dort plus, la maman est malade ; il y a un an qu'on y pense et que l'on remet tout après cette grande époque : "Quand Paul aura passé son baccalauréat, nous ferons ceci... ou il fera cela..." »

« Il y a quinze jours qu'on ne parle que de ce grave sujet ; on escompte les chances de réussite ; on se console d'avance d'un échec possible : "Il ne prouve rien, après tout, ce baccalauréat ; chaque année des élèves très forts sont refusés, tandis que des élèves médiocres, des cancres même sont reçus ; en somme, c'est une loterie, il s'agit d'avoir un bon numéro." Si on le désire tant, ce baccalauréat, c'est qu'il est indispensable ; sans lui, Saint-Cyr, Polytechnique, l'École de droit, l'École de médecine, l'École des mines, les ministères, l'administration même, ferment leurs portes ; et le jeune homme a choisi, ou l'on a choisi pour lui une de ces carrières. »

L'organisation, le déroulement des épreuves et le nombre des sessions dans l'année ont considérablement varié dans le temps. Au XIXe siècle, les sessions étaient rapprochées. Il y en avait trois ou quatre par an. Un candidat qui n'était pas admis à l'examen pouvait tenter une nouvelle fois sa chance quelques mois plus tard. Cette disposition, quand a été institué le principe de deux parties au baccalauréat, permettait aux très bons candidats de passer leur « premier bac » en juin, et de présenter le « deuxième bac » en septembre, ce qui, en cas de réussite, permettait d'économiser une année de scolarité. À un moment donné, cette possibilité sera interdite : une année au minimum devra séparer les examens des deux parties du baccalauréat. Puis, dans les années 1960, les deux parties disparaîtront à leur tour.

Au XXe siècle, le baccalauréat est devenu le grand événement de la fin du printemps. Avec, pour les candidats qui auraient eu un empêchement en juin, une session de rattrapage au mois de septembre.

Les écrits

Alors qu'à la création du baccalauréat il n'y avait qu'une épreuve orale, les épreuves écrites, au fil des décennies, sont devenues les épreuves emblématiques de l'examen. Les épreuves les plus importantes, en quelque sorte. Sélectives. Celles d'où procédait l'admissibilité – quand il existait épreuves d'admissibilité et d'admission. Épreuves solennelles, parfois longues, affectées de gros coefficients, qui mobilisent connaissance et savoir-faire, réputées difficiles, risquées, entourées de rituels anxiogènes – feuilles anonymes, feuilles de brouillon fournies par l'Administration, surveillants circulant entre les rangs, etc.

Préparer une épreuve écrite – *a fortiori* un ensemble d'épreuves écrites – relève de la préparation sportive. Il faut être en bonne forme physique – « on réussit un examen en dormant », conseillaient autrefois les professeurs expérimentés, d'une formule apparemment paradoxale –, c'est la condition pour bien gérer angoisse, stress, inquiétude, pour être bon le jour de l'épreuve. Un examen écrit, en temps limité, sur des sujets parfois complexes, inattendus, c'est, au sens propre, une vraie épreuve… Il n'y a aucune raison de la réussir sans préparation, sans organisation, sans concentration. D'où toutes sortes de conseils – des pleines pages, des manuels entiers – qui viennent s'ajouter aux recommandations des professeurs, conseils relatifs au soin à apporter à l'expression, à la forme, etc.

Pour l'épreuve écrite de français, au chapitre « La gestion du temps et l'épreuve », le site lettres.org donne ainsi les conseils suivants :

« Il est primordial d'éviter la précipitation, source de bien des erreurs. Il paraît que, tous les ans, on trouve des candidats qui ont essayé de traiter les 3 sujets !!!

« N'hésitez pas à consacrer 10 bonnes minutes au choix du sujet. Ce choix devra être définitif. Pour la suite, organisez votre temps. On ne saurait donner de découpage très précis (il varie selon les exercices, la façon de procéder du candidat, etc.) mais en tout état de cause, pour les travaux d'écriture les plus importants :

— Travaillez d'abord au brouillon, mais sans rédiger intégralement le développement (c'est une perte de temps !).

— Cherchez à noter vos idées, puis à les organiser pour construire un plan (très) détaillé.

— Répartissez votre temps, organisez-vous. La plupart des candidats passent trop de temps sur une question et sont obligés de bâcler la suite. Ne faites pas comme eux. Tenez compte du barème. [...]

« Vous ne pourrez pas rester concentré durant 4 heures. Pensez à vous réserver une pause de quelques minutes durant laquelle vous allez vous étirer, boire, gribouiller... sans vous faire trop remarquer, tout de même.

« Relisez souvent le sujet ou revenez régulièrement au texte. L'écueil principal à éviter est... le hors-sujet.

« Remémorez-vous ce que vous avez étudié en classe : à quoi allez-vous faire appel ? Qu'est-ce qui va pouvoir vous servir ?

« En fin d'épreuve, vous devrez consacrer 10-15 minutes à une relecture attentive. C'est impératif !

« Vous utiliserez tout le temps qui vous est imparti. Inutile de vouloir impressionner le monde en partant avant la fin ! »

Ces conseils – de bon sens – accentuent la pression sur les candidats, avant de leur offrir les moyens d'y faire face. Ils donnent du prix à l'épreuve surmontée : l'écrit du bac, ce n'est pas rien.

Les oraux

Les écrits passés, il reste à affronter les épreuves orales, qui souvent intimident les candidats – s'estimant peu préparés à ce type d'examen. À leur intention, *Le Succès aux examens du baccalauréat* (Éditions sociales françaises, 1954) donnait une série de conseils, amusants, toujours justes, pour les examens oraux. Pour le français : « L'oral de français est important, mais il n'est pas terrible. Votre examinateur (qui a été votre correcteur d'écrit et qui connaît votre note) aura surtout le désir de voir si votre interrogation lui permet de confirmer l'impression favorable que lui a laissée votre copie, ou, au contraire, d'améliorer cette impression en vous écoutant. Vous ne perdez jamais beaucoup de points à cette épreuve, mais vous risquez d'en gagner. »

Pour les autres matières : « Tu n'es pas de ces étudiants fantaisistes qui attendent la fin des épreuves écrites pour préparer l'oral. Élève de première, tu as pendant l'année scolaire appris ton cours de chimie, bien que cette matière ne figure pas à l'écrit. Élève de classe terminale, tu n'as laissé de côté aucune des questions dites secondaires, sachant qu'elles peuvent intervenir dans la résolution d'un problème et qu'une interrogation peut très bien porter sur l'une d'entre elles. Après deux ou trois jours de repos, tu reprends tes séances de révision, même si tu n'es pas enchanté de tes compositions d'écrit. Tu es mal placé pour te juger et lorsque tu apprendras ton admissibilité, il serait trop tard, si tu ne l'avais déjà fait, pour revoir les passages du programme que tu estimes mal assimilés. Tu vas donc te présenter devant un examinateur qui t'attend, assis derrière une petite table. Ne vois pas dans cet examinateur un juge féroce, prêt à bondir à la moindre défaillance, mais plutôt un professeur habitué à l'audition des pires sottises et tout prêt à accueillir favorablement toute réponse de bon sens et faisant preuve d'une observation simple de la vie courante. Présente-toi sans humilité, mais avec modestie. Un peu d'appréhension dans le regard vaut mieux qu'un excès d'assurance. »

Dans la réussite d'un examen ou d'un concours, comme dans une épreuve sportive, le mental a toujours eu autant d'importance que la préparation strictement technique... Quant au « sans humilité, mais avec modestie », le conseil est valable bien au-delà des examens oraux du baccalauréat...

Les oraux de rattrapage

Dans le dispositif du baccalauréat, l'oral de rattrapage a fait son apparition en 1968. Jusque-là, il y avait des épreuves, écrites ou orales, dont le nombre et l'allure ont évolué au fil du temps – avec en particulier, pendant longtemps, des épreuves d'admissibilité et des épreuves d'admission –, au terme desquelles le candidat était reçu ou collé. Au début, on s'en souvient, les membres du jury s'exprimaient de façon sommaire, avec des boules de couleur. Le système de notation de 0 à 20 fait son apparition en 1890. Pour réussir le baccalauréat, il suffira, compte tenu des coefficients affectés à chaque épreuve, d'avoir la moyenne à l'ensemble des épreuves d'admissibilité et d'admission.

À partir de 1968 – le principe de l'admissibilité et de l'admission a été supprimé –, sont déclarés admis les candidats qui ont une moyenne supérieure à 12. Les candidats qui ont une moyenne inférieure à 8 sont déclarés recalés. Les autres, qui ont entre 8 et 12 de moyenne, doivent passer des « oraux de rattrapage ». Le système sera modifié quelques années plus tard : n'auront plus à repasser d'oral de rattrapage que ceux ayant eu entre 8 et 10 de moyenne. Ces candidats doivent choisir deux matières à leur programme, écrite ou orale – en général celles pour lesquelles ils ont eu les plus mauvaises notes – et les repasser, à l'oral : pour chaque matière sera finalement retenue la meilleure des deux notes, celle du premier groupe d'épreuves ou celle du rattrapage. Cette procédure, en son temps, a permis d'augmenter considérablement le nombre de reçus…

Au total, si les règlements de l'épreuve ont sans cesse changé, si la forme du baccalauréat a connu de substantielles évolutions dans le temps, voire des mutations radicales – les souvenirs des uns sont toujours différents de ceux du voisin, plus jeune ou plus âgé, toujours différents de ceux de ses parents ou de ses enfants –, le caractère exceptionnel de l'épreuve demeure. Le cérémonial de l'examen, toujours solennel et intimidant, les mois de sa préparation, sérieux, laborieux, anxieux – ou au contraire décontractés, faussement détachés –, l'épreuve elle-même, toujours un peu mystérieuse – comme les examinateurs à l'oral, impénétrables, rassurants, inquiétants –, l'attente des résultats, enfin l'affichage des résultats sur les murs (ou sur les grilles) du lycée où l'on a passé l'examen, tout cela contribue, pour les bacheliers, à faire du baccalauréat un des instants mémorables de la jeunesse et de la vie.

Le bac de la deuxième chance

Dans le XIVe arrondissement, rue d'Alésia, le lycée Philippe-Leclerc-de-Hauteclocque, lycée d'adultes de la ville de Paris, est fondé sur un principe : il n'y a aucune limite d'âge pour présenter le baccalauréat.

Si, à la création de ce grade universitaire, l'âge minimal de seize ans avait été fixé – des dérogations ont toujours été accordées pour présenter l'examen plus jeune –, il est établi que toute personne, sans limites d'âge ou de diplôme, peut se présenter aux épreuves du baccalauréat.

Ce lycée géré par la Ville de Paris – donc public, sans dépendre de l'Éducation nationale ; ses « élèves » présentent l'examen en candidats libres – offre une deuxième chance à tous ceux qui n'ont pas obtenu leur bac dans leur parcours initial et souhaitent renouer avec les études. À ceux-là il propose une préparation permettant de réussir le diplôme et d'envisager la poursuite d'études supérieures.

Ce sont les élèves de cet établissement qu'a suivis Anne-Sophie Lévy-Chambon dans le film documentaire évoqué plus haut.

Pour les personnes éloignées de la région parisienne demeure la solution, maintenant ancienne et bien rodée, de l'enseignement à distance. Longtemps ce type d'enseignement été symbolisé par l'École universelle, qui a proposé pendant plus d'un siècle un enseignement par correspondance, destiné à ceux qui vivaient loin d'un établissement d'enseignement, soit dans des campagnes isolées, soit à l'étranger dans des pays mal équipés en établissements d'enseignement français. Soit encore destinés à ceux qui, par exemple parce qu'ils avaient une activité professionnelle, n'auraient pas pu fréquenter un collège ou un lycée. Ces publics-là, jeunes ou adultes, s'adressent aujourd'hui au CNED, Centre national d'enseignement à distance. Mais sans trouver l'encadrement psychologique ni le soutien pédagogique que leur apporte le lycée d'adultes de la Ville de Paris.

Cet établissement est parrainé par la Fondation Maréchal-Leclerc, qui reconnaît dans la démarche des auditeurs du lycée d'adultes de la Ville de Paris « la volonté, le courage et la persévérance », incarnés par le héros de la libération de Paris. Raison pour laquelle le lycée porte son nom.

Il leur en faut, effectivement, de « la volonté, du courage, de la persévérance », à ces lycéens d'un genre particulier. Ils ont en moyenne une trentaine d'années – certains peuvent avoir plus de soixante-dix ans ! –, et sont parfois pris par des journées de travail à rallonge. Avant 18 heures, ils sont chauffeur de taxi, formateur à la poste, aide-soignant, contractuelle dans une crèche, occupent un emploi peu qualifié ou, pour une minorité, vivent du RSA. Tous les soirs de la semaine, jusqu'à 22 heures, ils redeviennent lycéens – auditeurs, dit-on dans la maison. Et le lycée fonctionne comme n'importe quel autre lycée : cours, devoirs sur table, épreuves de bac blanc, conseils de classe, bulletins de notes…

Financé par la Ville de Paris, animé par des professeurs de l'Éducation nationale et quelques enseignants contractuels, le lycée municipal accueille environ 270 élèves, répartis dans neuf classes : seconde, première et terminale, en filière générale. Après avoir passé des tests, un entretien, et rempli un dossier de motivation, les candidats reçus déboursent 130 euros par an – la moitié pour les allocataires du RSA – pour étudier dans cet établissement de la deuxième chance. « C'est de l'ordre de la revanche, explique la directrice de l'établissement, d'autant que le bac reste, sur le plan symbolique, toujours aussi fort : cela donne un sentiment d'appartenance au niveau national. » Pour beaucoup d'auditeurs, devenir bachelier serait par-dessus tout « une fierté ». Sans parler des avantages pratiques (accéder à certains emplois ou certaines filières de formation, notamment aux études supérieures), de la capacité à apprendre, et de l'appropriation de connaissances et de savoir-faire méthodologiques. Et sans parler du fait que les auditeurs trouvent là un regard bienveillant dont ils avaient manqué dans leurs précédentes tentatives scolaires et qui leur donne un nouvel élan. La plupart obtiennent leur diplôme – le taux de réussite varie entre 50 et 70 % selon les années –, et les deux tiers de ces courageux poursuivent des études supérieures.

La directrice de cet original – et admirable – établissement, Françoise Noël-Jothy, pense que son modèle est reproductible, et va militer pour que chaque région ouvre son lycée d'adultes. À suivre.

Passer le bac en prison

Quelques prisonniers célèbres ont commencé – ou poursuivi – des études en prison, et y ont passé le baccalauréat.

En 1955, Albertine Sarrazin (1937-1967), qui deviendra romancière, continue en prison des études – brillantes – commencées au collège Sainte-Catherine-de-Sienne d'Aix-en-Provence, et couronnées par la première partie du bac, série B classique. Les ennuis de la jeune fille avaient d'ailleurs commencé le jour de l'affichage des résultats de cet examen. Orpheline, elle ne s'entendait pas avec sa famille d'adoption, et avait fugué, précisément le jour des résultats du bac. En fugue, elle avait fait des bêtises, ce qui lui avait valu d'être arrêtée et condamnée à de la prison. En détention, elle avait suivi les cours de l'École universelle, et présenté les épreuves de la deuxième partie du bac, conduite sous bonne escorte au lycée centre d'examen le plus proche du centre de détention. Elle sera reçue avec la mention « bien ».

Autre détenu fameux qui a passé son diplôme en prison, François Besse, dit « l'Anguille » (né en 1944), à une époque second de Jacques Mesrine. Il prépare son baccalauréat pendant son temps d'incarcération, et l'obtient à cinquante-trois ans, en 1997. Également titulaire d'un diplôme de technicien du son et d'un diplôme d'études universitaires générales de philosophie – il est notamment un bon connaisseur de l'œuvre de Spinoza –, quand il sort de prison, en 2006, il devient « encadrant social » dans une association de réinsertion de délinquants, et participe au programme Emmaüs Défi. La rédemption par le bac !

En général, les études en prison ont pour objet l'apprentissage de la langue française (pour les nombreux détenus qui ne la maîtrisent pas), ou l'acquisition d'une formation professionnelle, sanctionnée par un CAP. Mais cette formation peut aller jusqu'à l'obtention du DAEU, diplôme d'accès aux études universitaires, équivalent simplifié du baccalauréat. Ou bien au baccalauréat lui-même. Sur l'ensemble de la population carcérale scolarisée, 3 % des adultes préparent le baccalauréat, et 1 % des mineurs.

En 2014, 317 détenus ont tenté de décrocher le bac, 197 ont été reçus. En 2016, il y a eu 91 diplômés.

À quoi sert, en détention, de poursuivre des études ? D'abord, cela facilite le retour à la vie normale et la réinsertion. Ensuite, cette formation a pour objet d'éviter la récidive, donc le retour en prison. Enfin – et peut-être surtout –, cela donne un sens à l'incarcération. C'est un moyen de redorer son image auprès de sa famille, de la société mais surtout de soi. Une manière, pour les prisonniers, de prouver qu'ils ne sont pas que des délinquants et qu'eux aussi peuvent y arriver. Un moyen de rester accroché à la réalité, un moyen de se sentir « normal », et non plus seulement marginal, donc marginalisé. La scolarité en prison, une école de la seconde chance.

Pour préparer le baccalauréat, les détenus suivent généralement des cours à distance. Des enseignants de l'Éducation nationale leur dispensent aussi quelques heures de cours par semaine, mais dans certaines matières seulement, faute de moyens. Les candidats peuvent aussi compter sur l'aide d'associations, qui proposent aux détenus un accompagnement à distance ou qui viennent les rencontrer en prison pour leur apporter un soutien scolaire.

La prison de Nanterre est la seule de France à faire passer le bac à ses élèves. L'établissement peut se vanter d'un taux de réussite situé entre 95 % et 100 %. Certains détenus, qui ne souhaitaient pas s'arrêter au bac, ont même réussi depuis la rentrée 2018 à y faire ouvrir une section BTS. Pour rejoindre les bancs du centre scolaire, il faut le mériter. La sélection dépend d'abord de la volonté du détenu, mais aussi de l'examen de son dossier par les enseignants : seuls les détenus sérieux et motivés sont retenus. La plupart des prisonniers préparent un bac professionnel.

Comme les lycéens ordinaires, les élèves prisonniers ont un emploi du temps (les cours débutent à 8 h 30 et finissent à 17 heures), des contrôles, des horaires de classe à respecter. Pour se préparer, les détenus disposent du matériel distribué par les enseignants (fiches, documents divers), de la bibliothèque de la prison, inégalement fournie, mais pas d'Internet.

Pour obtenir leur bac professionnel, les lycéens doivent effectuer un stage en entreprise. À la maison d'arrêt de Nanterre, tous les vendredis matin, des entreprises proposent des tâches aux détenus, comme la gestion des emplois du temps scolaire, la préparation d'affiches d'information, la programmation d'événements, etc.

À l'examen, les détenus sont dispensés des épreuves de sport. Les épreuves écrites, anonymes, sont corrigées au milieu des autres copies. Les épreuves orales, y compris les oraux de langue, sont encadrées par des examinateurs extérieurs qui viennent dans la prison.

Et quand les résultats, souvent très bons, sont connus, l'administration pénitentiaire organise une remise solennelle des diplômes, ce qui valorise diplôme et lauréats. Sans parler des remises de peine dont bénéficient parfois les diplômés, qui avec leur succès ont fait preuve de leur bon comportement.

Outre-mer

Outre-mer, déroulement des épreuves, rituel, programme, ambiance du baccalauréat ressemblent beaucoup à l'examen organisé et passé en métropole. Quelques différences, ici et là, l'en distinguent.

À Tahiti, par exemple, le journal local donne des conseils comme une maman à ses petits : « En plus de la carte d'identité et du matériel scolaire, les candidats peuvent également prévoir un "kit de survie" pour l'épreuve. Préparez-vous un petit en-cas avec des barres de céréales, une banane, des fruits secs, un peu de chocolat, et surtout une bouteille d'eau »...

En plus de cette sympathique atmosphère, pour ainsi dire villageoise, le baccalauréat en Polynésie française se distingue par les épreuves optionnelles en vigueur, reflet des particularités culturelles de l'archipel. Premier phénomène notable : l'importance de l'enseignement du mandarin. Alors qu'en métropole l'option chinois est relativement rare, en général choisie par des candidats d'origine sinophone, ou par des élèves désireux de se créer un parcours scolaire original – le chinois ayant à juste titre la réputation d'être difficile –, l'option mandarin est très répandue à Tahiti. Cela est le reflet d'une ancienne et importante immigration chinoise, et de l'attachement des personnes d'origine chinoise à la culture de leur famille, y compris quand ces personnes sont parfaitement intégrées à la communauté polynésienne et à la communauté nationale française. Deuxième phénomène : Tahiti est probablement le seul endroit de France où l'on peut passer son bac en dansant ! La danse traditionnelle tahitienne, *'ori tahiti*, est en effet une des matières que l'on peut présenter au baccalauréat, soit en option sportive facultative (pour gagner des points en vue de l'obtention d'une mention), soit parmi les trois disciplines sportives obligatoires que les terminales doivent sélectionner pour le bac, au même titre que la plupart des autres disciplines sportives, ping-pong ou javelot, par exemple.

Les candidates – en général ce sont des filles, il peut y avoir des garçons – se présentent le jour de l'examen en tenue traditionnelle, parfumées de tiaré, coiffées de nacres et de perles, fleuries, vêtues de tapa – étoffe à base d'écorce – ou encore couvertes de plumes blanches. Elles sont accompagnées de musiciens et de leurs instruments à percussion.

Le thème de l'examen est libre mais porte le plus souvent sur les légendes polynésiennes, les traditions, l'identité ou la langue. Un membre du jury précise que « les élèves sont évalués sur deux grands critères : en tant qu'interprètes, et en tant que chorégraphes, 8 points sur chaque critère ; ils vont être évalués sur leur engagement moteur, leur engagement émotionnel, mais également tous les procédés qu'ils ont utilisés pour la construction de leur chorégraphie ».

Autre discipline sportive que les candidats peuvent choisir à Tahiti, le *va'a*, pirogue de course traditionnelle. Voici la description de l'épreuve : « Après vérification du matériel par le jury, le rameur doit réaliser un premier parcours qui correspond à une épreuve technique non chronométrée dans un parcours en “S” matérialisé par trois bouées. Jusqu'à la première bouée, le candidat doit maintenir une trajectoire rectiligne à allure d'échauffement (*Roa*). Une fois cette bouée passée, il doit accélérer franchement (*Pine*) et conserver une vitesse de course (*Huti Pa'ari*) y compris pendant le virage de la seconde bouée. En conservant la vitesse, le rameur doit prendre un nouveau cap rectiligne vers la troisième bouée. Puis attendre que le jury annonce la fin de l'effort. À partir de ce signal, le candidat termine le premier 500 mètres en allure de récupération (*Roa*) pour contourner la troisième bouée et se placer pour être aligné au départ du second 500 mètres. La totalité de ce parcours se fait sans arrêt. Le second 500 mètres est une épreuve de vitesse chronométrée. Après le départ commandé par le jury, le candidat doit réaliser sa performance avec une trajectoire rectiligne maîtrisée. »

La présence des sports traditionnels locaux au baccalauréat est importante pour les Tahitiens : « C'est accepter que nous, Polynésiens, explique une enseignante en EPS, puissions exploiter notre culture de manière que nos élèves en soient aussi imprégnés. Nous avons une langue, une culture, pourquoi ne pas l'exploiter pour obtenir un diplôme national ? » En s'inscrivant à ces épreuves, les candidats viennent chercher des points pour obtenir leur examen, mais surtout afficher leur amour de la danse et des traditions de leur pays. « Pour réussir, confie une élève, il faut de la grâce, le sourire, la passion dans le regard, c'est ça l'essentiel. La danse permet de montrer ce que tu ressens, une danse, ça vaut mille mots... » Quelle autre matière, en plus de deux siècles d'histoire du baccalauréat, a-t-elle provoqué pareil enthousiasme ?

Ces matières ont du succès. En 2019, par exemple, sur les 190 élèves de terminale du lycée privé

Samuel-Raapoto de Papeete, 48 – plus du quart – ont passé l'épreuve de *'ori tahiti*. Épreuve qui a compté pour un tiers de leur note d'EPS, coefficient 2 au bac.

Nul doute que le marquis de Fontanes, premier grand maître de l'Université, aurait été amusé d'apprendre que le diplôme qu'il avait porté sur les fonts baptismaux pouvait désormais se réussir en dansant vêtu de fleurs ou en pagayant sur les lagons…

En 2015, en Polynésie française, la proportion d'une classe d'âge atteignant le niveau bac est de 54 %, contre plus de 77 % pour l'ensemble du territoire national. De nombreux facteurs expliquent ce retard, notamment le fait que le baccalauréat, à Tahiti, est un phénomène récent : le premier bachelier polynésien n'a été diplômé qu'en 1965. Sans parler de difficultés qui affectent le système scolaire en général, déscolarisation, taux d'échec important des publics les plus fragiles… Cela étant, le taux de réussite à l'examen est en progrès et le nombre des bacheliers en augmentation : il y avait 2 557 diplômés en 2013, il y en a eu 2 865 en 2019.

Pour les lycéens de Saint-Pierre-et-Miquelon, le baccalauréat a une signification très particulière : le diplôme est pour eux un billet d'avion pour un autre pays. S'ils veulent poursuivre des études supérieures, « partir aux études », comme ils disent, les jeunes de l'archipel devront en effet quitter le territoire, le « caillou », qui n'offre aucune possibilité de formation postbaccalauréat. Alors qu'il en existe, peu ou prou, dans la plupart des autres territoires outre-mer. Estimant depuis toujours baigner dans la culture nord-américaine, environ 30 % chaque année rejoignent le Canada voisin. Les autres préfèrent la métropole, en général le Grand Ouest, Rennes, Nantes, Brest, dont sont souvent originaires leurs familles, Caen, académie dont dépendent les établissements de l'île.

À Saint-Pierre et à Miquelon, l'orientation post-baccalauréat se double donc d'une préparation au grand départ, loin de sa famille, des amis, de l'existence protégée d'un petit territoire. Vers la liberté, l'inconnu. Ils sont environ 250, chaque année, à connaître pareille expérience initiatique. Où, très concrètement, le bac devient un billet pour l'ailleurs, pour la liberté – et l'emploi.

En Guyane, la situation du baccalauréat est le reflet de la situation sociale du territoire, de ses caractéristiques démographiques, de ses difficultés.

L'académie de Guyane se distingue par des résultats particulièrement faibles en comparaison avec la France métropolitaine et avec les autres départements d'outre-mer à l'exception de Mayotte. L'espérance d'obtenir le baccalauréat pour un élève de sixième n'est que de 54,8 %, valeur la plus faible des académies de France. Le taux de réussite à l'examen est de 74 % contre 86 % en métropole, etc.

Plusieurs facteurs à cette situation.

La langue. Les langues. 70 % des enfants n'ont pas le français comme langue maternelle, 75 % des enfants entrant en sixième ont une mauvaise maîtrise du français. 17 origines linguistiques différentes sont recensées dans les classes du premier degré. Selon les secteurs géographiques, cela peut varier de 15 % de non-francophones dans certaines écoles de l'île de Cayenne à 100 % sur le Maroni ou l'Oyapock. Outre le français, on trouve des langues résultant de l'immigration, chinois (hakka, cantonnais, minnan), hmong, lao, portugais (parlé par la communauté brésilienne), espagnol (langue de communautés hispano-américaines), anglais des migrants venus du Guyana et des Antilles anglophones, sranan tongo (langue de la côte surinamienne), créoles de Haïti, de la Martinique, de la Guadeloupe… Avec pareille mosaïque linguistique – reflet d'une hétérogénéité nationale, 35 % de la population de la Guyane est de nationalité étrangère –, il est difficile de bien faire fonctionner un système éducatif.

Population en croissance très importante – elle a doublé ces trente dernières années –, très jeune – les moins de vingt ans représentent 43 % de la population, contre 24 % en métropole –, avec les problèmes sociaux que cela suppose.

Pénurie d'enseignants statutaires – certains établissements comptent jusqu'à 70 ou 80 % de contractuels, dont beaucoup en sont à leur première expérience pédagogique.

Résultat : la moitié seulement des quinze-vingt-quatre ans est scolarisée (4 % dans les régions frontalières du Brésil), chiffres à rapprocher des 60 % en métropole ; seuls 12 % d'entre eux ont le baccalauréat et ils sont plus d'un quart à présenter de graves difficultés de lecture (4 % en métropole). Le taux de suicide des jeunes est cinquante fois plus élevé que la moyenne nationale. Les conduites addictives (alcool, drogues) y sont développées...

L'ensemble des académies d'outre-mer (Martinique, Guadeloupe, Guyane, Réunion) présentent des écarts de résultats importants avec les niveaux métropolitains. Reflets – ou conséquence, et peut-être cause – d'autres écarts, d'autres différences, dans l'ordre économique, social, culturel.

Par exemple les résultats aux évaluations nationales des acquis en français et maths des élèves de CM2, effectuées en janvier 2009. Ces évaluations font apparaître, pour les quatre académies concernées, des scores nettement inférieurs à ceux de la moyenne nationale :

— en français, 40 % des élèves n'atteignent pas la moyenne dans les académies de la Guadeloupe, de la Martinique et de la Réunion ; 73 % des élèves guyanais échouent aux mêmes évaluations, contre 25 % sur le plan national ;

— en mathématiques, 55 % des élèves des académies des Antilles et de la Réunion n'obtiennent pas la moyenne ; ils sont 82 % en Guyane, contre 35 % sur le plan national.

Le taux de réussite global au baccalauréat était de 74,8 % dans les DOM contre 82 % en métropole (chiffres pour 2008), taux pas totalement significatif car il peut varier d'une année sur l'autre. En revanche, le taux de bacheliers en proportion d'une génération est actuellement de 56,2 % dans les DOM, contre 64,3 % en métropole, soit un écart de 8 points environ.

Il faut signaler que, deux années de suite, ce sont des candidates de la Réunion qui ont obtenu les meilleures moyennes nationales, Chloé, qui a passé son bac S en 2017, avec une moyenne de 21,28, et Lisa, l'année suivante, qui a passé le même bac avec une moyenne de 21,33. Chapeau bas !

Autour du monde

Pondichéry a longtemps eu un privilège : être, dans l'année, le premier centre d'examen du baccalauréat. C'était là, entre début avril et début mai, plus d'un mois avant le début des épreuves dans l'Hexagone, que commençait la nouvelle ronde des épreuves du baccalauréat autour du monde. C'était anecdotique, d'une certaine façon, mais médias, professeurs, candidats scrutaient chaque année les sujets de Pondichéry pour tenter d'estimer les tendances de la saison, les idées à la mode – surtout en philo –, et mieux fignoler leur préparation.

Tout cela est le fruit d'un très vieil héritage – du XVIIe siècle –, du temps où Pondichéry, dans le sud de l'Inde, était un comptoir de la Compagnie française des Indes orientales, un petit morceau de la France. Quand ce territoire – et quatre autres localités, Chandernagor, Mahé, Yanaon, Karikal – est devenu indien, en 1963, le traité signé par le général de Gaulle a permis aux habitants de Pondichéry de conserver la nationalité française. Donc la langue française – largement pratiquée dans la ville, en plein pays tamoul –, l'éducation en français, de la maternelle à la terminale, et le baccalauréat français.

C'était donc là, dans l'est du sous-continent indien, compte tenu des fuseaux horaires, des données de la météorologie, des usages, que traditionnellement commençait le baccalauréat. Depuis 2019, ce n'est plus le cas. Sous la houlette de l'académie de Rennes, le centre d'examen de Pondichéry vient de rejoindre le premier groupe des centres d'examen dans le monde. Car on peut passer son baccalauréat – français –, en général dans des lycées français, dans une centaine de pays dans le monde, pour l'organisation des examens groupés en deux ensembles : le groupe 1 comprend une soixantaine de centres ; le groupe 2 en compte une trentaine. Chaque pays étant rattaché à une académie, de métropole ou de la Réunion.

Sauf un petit groupe de pays ou de centres d'examen où le bac se tenait à la fin de l'automne, les centres d'examen ces dernières années faisaient désormais passer le bac en même temps, à quelques jours près. Pondichéry a perdu son privilège, et les candidats n'ont plus de piste pour tenter d'avoir une idée des sujets dans l'air du temps… Avant la réforme du nouveau bac, c'était, fin mai, l'Amérique du Nord, rattachée à l'académie de Caen, qui ouvrait le bal, suivie de près, début juin, par le Liban. Suivait la Polynésie, début juin. Puis, à la mi-juin, la plupart des centres, Antilles,

Guyane, Métropole, Asie, Afrique, Réunion. Enfin, mi-novembre, venait le tour de l'Amérique du Sud et de la Nouvelle-Calédonie.

Environ 700 000 candidats présentent chaque année le baccalauréat en métropole, nous l'avons dit. Ils sont 30 000 à 40 000 à se présenter dans les lycées de l'étranger, dans les départements, régions et collectivités d'outre-mer.

Le temps des colonies

L'œuvre éducative de la France coloniale s'est concrétisée par la création d'une collection de lycées, aux quatre coins de l'empire, où les jeunes gens ont pu suivre des études secondaires, et passer le bac. Le premier lycée fondé dans ces territoires annexés à la métropole l'a été à Alger, dès 1833 ; ce sera la Grand Lycée d'Alger, renommé lycée Bugeaud, puis lycée Émir-Abdelkader. Au XIXe siècle vont ainsi voir le jour des lycées à Pointe-à-Pitre (Carnot), Fort-de-France (Victor-Schœlcher), Saïgon (collège Chasseloup-Laubat), Tunis (Carnot), Oran (Lamoricière), Constantine (lycée d'Aumale)... Au XXe siècle apparaissent des lycées à Papeete (Paul-Gauguin), Hanoï (Albert-Sarraut), Rabat (lycée Gouraud, aujourd'hui lycée Hassan-II ; y a longtemps enseigné l'écrivain Henri Bosco), Casablanca (actuel lycée Lyautey), Meknès (lycée Poeymirau, qui deviendra lycée Paul-Valéry, toujours en activité), Safi, etc. En 1960, dans ce qu'on appelait alors l'A-OF

(Afrique-Occidentale française) avaient été créés une vingtaine de collèges, classiques ou modernes, selon les séries existantes, et deux universités, à Dakar et Abidjan.

Sur le plan architectural, ces établissements – souvent des internats – sont exactement conformes à leurs homologues de métropole, hésitant entre la caserne et la gare centrale. Tout au plus, ici ou là, des palmiers prennent-ils la place des platanes.

Ces lycées sont en principe destinés aux Européens, et ne s'ouvrent aux « indigènes » que progressivement.

En Indochine, en 1924-1925, le lycée Albert-Sarraut de Hanoï accueille ainsi 800 élèves, dont 370 Vietnamiens, ainsi que des Cambodgiens et des Laotiens. En 1927, à Saïgon, une succursale du collège Chasseloup-Laubat, appelée collège de Cochinchine, accueille des élèves indigènes. Il va devenir le « lycée d'élite Le Hong Phong », toujours en activité, qui recrute des élèves au terme d'une sélection rigoureuse, et, jumelé avec plusieurs autres établissements, en France ou au Canada, propose un double cursus vietnamien et français.

Au Maroc, l'enseignement organisé par les Français est au début assez élitiste et ne recrute d'abord que des enfants marocains issus des classes dirigeantes, dont les parents sont associés à l'action du protectorat : c'est le cas des « Écoles de fils de notables », en principe conçues pour délivrer un apprentissage fondé sur les deux langues, arabe et français, où l'arabe n'apparaît qu'à la fin de la Seconde Guerre mondiale. Ces écoles, qui ne comptent que 1 400 élèves en 1913, en accueillent 21 400 à la veille de la Seconde Guerre mondiale, 314 800 en 1955.

Le maréchal Lyautey, personnellement intéressé par les questions d'éducation, a exprimé le désir de former une pépinière de jeunes gens, européens et marocains, médiateurs entre deux sociétés qu'il souhaite faire coexister en harmonie, appelés à devenir l'élite intellectuelle avec laquelle il entend coopérer. C'est lui qui crée le premier lycée du pays. En 1935, il sera ouvert aux élèves musulmans sortant des collèges spécifiques qui leur sont réservés. En 1938, Mehdi Ben Barka, futur opposant du roi Hassan II, est un des premiers à réussir son baccalauréat au lycée Gouraud.

Autour de cette initiative s'ébauche lentement un système où multiplicité et diversité rivalisent, mais où, comme dans la période précoloniale, les jeunes Marocains ne trouvent pas tous leur place. Les Français se heurtent aux mêmes difficultés que celles rencontrées les décennies précédentes par le pouvoir marocain, et que ce dernier devra de nouveau surmonter après l'indépendance. Difficultés qui tiennent à l'accroissement de la pression démographique, aux mutations rapides de la société et à la diversité croissante de la demande scolaire.

En Algérie, l'enseignement secondaire a commencé par recruter peu d'élèves musulmans : 86 élèves suivaient les cours des lycées et collèges en 1892, 90 en 1899, 124 en 1905, 445 en 1920. Le nombre de bacheliers est à la mesure : de 1880 à 1890, 4 élèves musulmans ont obtenu le diplôme de bachelier. Il y en eut 13 entre 1890 et 1904, et 13 en 1914 (11 en philo, 2 en math). Leur nombre augmentera de façon significative au moment où, pour consolider son système, la France – un peu tard – voudra donner corps à une classe moyenne bien formée et francophone, sinon francophile.

En 1953-1954, 90,5 % de la population de l'Algérie n'envoie que 11,4 % d'élèves dans les différents ordres d'enseignement, alors que la minorité européenne qui ne représente que 10 % de la population en fournit plus de 80 %. À cette époque, 1 Européen sur 227 est étudiant – donc bachelier –, et seulement 1 musulman sur 15 341…

Les lycées des différents territoires de l'empire colonial français ont été fréquentés par des personnages illustres. Au lycée de Pointe-à-Pitre, Alexis Leger, dit Saint-John Perse (1887-1975), diplomate, poète, prix Nobel de littérature. À Fort-de-France, Aimé Césaire (1913-2008) ou Édouard Glissant (1928-2011). À Saïgon, Marguerite Donnadieu, dite Marguerite Duras (1914-1996) a suivi sa scolarité au collège Chasseloup-Laubat ; elle y fait référence dans *L'Amant*. Parmi les anciens élèves du lycée d'Alger : Pierre Benoit (1886-1962), écrivain, membre de l'Académie française ; Albert Camus (1913-1960), prix Nobel de littérature en 1957 ; Roger Hanin (1925-2015), acteur ; Dalil Boubakeur (né en 1940), recteur de la Grande Mosquée de Paris ; Alexandre Arcady (né en 1947), réalisateur, notamment auteur du film *Là-bas… mon pays* qui tourne autour du lycée Bugeaud… À Oran, le lycée de jeunes filles a vu passer sur ses bancs Nicole Garcia (née en 1946), et le lycée Lamoricière, devenu lycée Pasteur, Edmond Jouhaud (1905-1995), Yves Saint Laurent (1936-2008), Jean-Pierre Elkabbach (né en 1937)… Au lycée de Constantine a été élève Alphonse Juin (1888-1967), maréchal de France.

Les élèves du lycée de Tunis à avoir suivi une belle trajectoire sont nombreux, dans tous les ordres de la société, Gaston Bouthoul (1896-1980), sociologue, Habib Bourguiba (1903-2000), président de la République de Tunisie, Albert Memmi (1920-2020), romancier, essayiste, Gisèle Halimi (1927-2020), avocate, Loris Azzaro (1933-2003), couturier, Jean-Claude Casanova (né en 1934), universitaire, Georges Wolinski (1934-2015), dessinateur, Claude Hagège (né en 1936), linguiste, François d'Orcival (né en 1942), journaliste, Alain-Gérard Slama (né en 1942), journaliste, essayiste, Philippe Séguin (1943-2010), haut fonctionnaire, homme politique, Joseph Haïm Sitruk (1944-2016), grand rabbin de France, Serge Moati (né en 1946), réalisateur, Serge Bramly (né en 1949), romancier, Colette Fellous (née en 1950), écrivaine, Michel Boujenah (né en 1952), comédien…

Deux anciennes élèves du lycée Carnot de Tunis, Effy Tselikas, journaliste, et Lina Hayoun, documentaliste, ont réuni des témoignages d'anciens élèves des établissements secondaires d'Afrique du Nord, au temps où Tunisie, Algérie et Maroc étaient français. Ces *Lycées français du soleil*, titre de leur livre, ont laissé aux élèves et aux professeurs des souvenirs qui vont bien au-delà de la nostalgie de l'adolescence. Les auteurs rappellent opportunément que « plus d'un tiers des Français d'aujourd'hui ont une partie de leur vie liée à l'Afrique du Nord : pieds-noirs, Maghrébins, Français d'origine marocaine, algérienne ou tunisienne, harkis, coopérants et bien d'autres encore ». Autant dire que les souvenirs qu'elles ont recueillis finissent par faire partie du fonds commun national.

Ces souvenirs sont pareils à ceux des élèves des autres lycées métropolitains (coutumes scolaires spécifiques, jeux, friandises qui faisaient les délices des collégiens, etc.), mais colorés comme l'accent de la langue qu'on y parlait, ensoleillée, enrichie de mots venus des différentes communautés réunies là.

Autour des grandes cours blanches aux arcades chaulées, fleuries d'hibiscus et de jasmin, l'enseignement était conçu comme un moyen d'unifier au sein de la culture française des élèves d'origines très diverses, comme on en trouvait dans le cosmopolitisme de la société coloniale, voire dans les tout premiers temps des indépendances.

Ils laissent entrevoir un des rôles de ces lycées « du soleil », à la fois « fabriques de Français » et lieux d'élaboration d'une culture méditerranéenne plurielle rassemblée par l'universalisme français – qui se faisait au demeurant fort d'assimiler les nouveaux arrivants métropolitains. Des lycées modèles, en quelque sorte.

À l'appareil éducatif français au temps des colonies on a fait le reproche d'avoir en priorité été conçu pour les Européens, et de n'avoir guère profité aux indigènes. Pas complètement inexacte, cette affirmation est à nuancer.

D'abord par le constat que les élites – notamment indochinoises ou tunisiennes, algériennes, marocaines, mais le phénomène s'observe au Sénégal, en Côte-d'Ivoire, au Cameroun, dans les Caraïbes, en Calédonie, etc. –, revendiquent, à travers l'appropriation de la langue française (et du baccalauréat français), un outil pour leur émancipation et un espoir pour accéder à la modernité. Si les masses des populations ont peu profité du système éducatif français, c'est ce système qui a formé les élites et futures élites des anciens pays colonisés.

Du reste, dans les pays qui n'étaient pas des colonies, les lycées français ont longtemps été – et demeurent – des lieux prisés par les élites locales, comme étant un moyen d'accès à l'éducation (à la langue, à la culture) française, ce qui donne l'espoir, *via* le baccalauréat français, d'intégrer les meilleures écoles françaises, garantie d'accéder ensuite, de retour au pays, aux meilleures situations. On trouve par exemple ce phénomène en Iran, en Afghanistan, au Liban, en Syrie, etc. Ce que constate le réalisateur Férid Boughedir : « Aujourd'hui, les deux lycées français de Tunis (Pierre-Mendès-France de Mutuelleville, Gustave-Flaubert de La Marsa) comptent très peu d'élèves français, quelques enfants de diplomates et des enfants de couples mixtes. L'immense majorité des élèves est constituée de Tunisiens musulmans. Ils appartiennent à la classe aisée car les frais de scolarité sont très élevés contrairement à l'époque de

Carnot, où l'éducation était gratuite. Après une période d'arabisation, la bourgeoisie tunisienne fait aujourd'hui le choix de ces établissements pour ses enfants. Elle se dit, à tort ou à raison, qu'ayant le bac français, ils seront plus facilement acceptés dans les classes préparatoires aux grandes écoles françaises (École polytechnique, HEC...) donnant en Tunisie accès aux postes les plus importants. »

Les lycées dans le monde colonial ont eu une fonction imprévue : ils ont servi de creuset où se sont amalgamés des gens d'origines très différentes. Ce qui pourrait servir de modèle dans la France contemporaine...

Beaucoup de ces établissements ont continué leur existence après les indépendances, soit en demeurant des établissements français, purement et simplement, soit en étant intégrés dans les nouveaux systèmes éducatifs nationaux, parfois jumelés avec tel ou tel établissement français, ou proposant de passer des diplômes français, en particulier le fameux baccalauréat.

De plus, si, en dehors des élites, l'appareil scolaire français n'a pas formé beaucoup de monde dans les anciennes colonies, du moins a-t-il fourni un modèle administratif, une référence. Après leur indépendance, la plupart des pays qui s'étaient trouvés sous administration française se sont inspirés de l'appareil scolaire français – en particulier du baccalauréat – quand ils n'ont pas tout bonnement calqué leur système sur le système français. De nombreux lycées, qui avaient dépendu de l'Éducation nationale française, demeurant même sous administration française, dans le cadre d'accords de coopération, et continuant, comme à l'époque coloniale, à ne concerner que les élites favorisées des pays en question.

De sorte que, dans une *Grande Histoire du baccalauréat* français, il ne serait pas illogique d'évoquer aussi le baccalauréat de beaucoup d'États autrefois colonies françaises. Sauf qu'il s'agirait d'une entreprise exténuante, tant certains États ont donné à ce diplôme une grande importance. En Côte-d'Ivoire, par exemple, il y a eu en 2020 318 000 candidats au baccalauréat, et 125 000 reçus, soit un taux de réussite de 40 %. Un diplôme qui a de l'ampleur et de la valeur.

Bac en temps de guerre

Au début de la Seconde Guerre mondiale, en juin 1940, le pays est confronté à l'exode : les populations civiles fuient devant l'avancée des troupes ennemies. L'organisation du baccalauréat est compliquée, aussi bien dans les régions exposées à l'avance militaire des Allemands et aux combats que dans les régions en train d'être annexées par l'ennemi. Partout, l'examen est cependant maintenu. Dans certaines académies, les épreuves du baccalauréat sont décentralisées et avancées à mi-juin. Leur organisation varie selon les lieux mais vire parfois au chaos : certaines épreuves sont organisées dans les lieux les plus improbables, les plus inconfortables, voire dans les caves des universités. Le 17 juin, le maréchal Pétain déclare vouloir demander l'armistice : dans plusieurs académies les épreuves sont reportées après celui-ci, signé quelques jours plus tard.

À Bordeaux, par exemple, ville pleine de réfugiés qui avaient fui devant l'avance ennemie, où le gouvernement était en train de se replier, où se résumait le drame national subi par le pays, où tout était désorganisé, réquisitionné – sans parler des bombardements allemands du 19 juin 1940 –, les examens avaient été perturbés.

À Paris également. À cause des événements, les examens y avaient été décommandés. Avec un peu d'avance, élèves et professeurs s'étaient (provisoirement) retrouvés en vacances. Ce dont s'était souvenue Simone de Beauvoir, à l'époque professeur de philosophie au lycée Henri-IV : « On a été faire un tour mélancolique au Luxembourg [...]. J'ai rencontré des élèves, toutes rieuses parce qu'elles venaient de se balader en reines dans le lycée Fénelon, pour beaucoup de jeunes gens, ça semblait fête, cette journée d'examen sans examens, de désordre et de loisir – ils se promenaient gaiement sur le boulevard, ils semblaient beaucoup s'amuser. »

Les résultats, en 1940, avaient été publiés avant le 14 juillet, date du début des grandes vacances.

À la fin du conflit, en 1944, alors que les débarquements alliés en Normandie ou en Provence n'ont pas encore eu lieu, aucun report général n'a été décidé – dans la région de Nice, les épreuves ont été légèrement avancées. Cela malgré les risques courus par élèves et professeurs dans certaines régions exposées aux bombardements. Les examens ont été maintenus, les candidats convoqués. Et dans le même temps, en Normandie, les soldats alliés débarquaient, fraîchement accueillis par les soldats allemands. Certains, à Caen, ont ainsi passé leur bac au milieu des combats… Les candidats normands – parmi lesquels Emmanuel Le Roy Ladurie – se souvenaient d'avoir dû composer dans des conditions scabreuses. « Les épreuves écrites avaient dû être recommencées, parce que les copies avaient brûlé dans le rectorat. Le nouvel écrit s'était passé entrecoupé de plusieurs alertes, le responsable des épreuves prenait des risques en nous demandant de ne pas quitter la salle d'examen pendant celles-ci… » En ces temps perturbés – certains professeurs avaient été envoyés en déportation en cours d'année, parfois pour ne jamais revenir ; des élèves avaient été obligés de changer de collège, parfois plusieurs fois, en raison d'une réquisition, d'occupation… –, ce sont en effet les copies, davantage que les candidats eux-mêmes, qui ont pâti des événements. Certaines épreuves orales ont dû être annulées, par manque d'examinateurs. Moindre mal. Après la fin des combats, le ministère avait finalement décidé – pour la ville de Caen – d'organiser une nouvelle session du bac, en octobre 1944. Elle s'est en définitive révélée une chance pour les élèves dont les copies avaient disparu et pour ceux qui n'avaient pas pu participer à la première session…

Dans un livre de souvenirs, *Stéthoscopie*, le docteur Jean-Claude Mouchès évoque ce printemps-là.

« J'ai passé mon bac philo en juin 1944 en pleine semaine du débarquement des alliés en Normandie et, dans mon souvenir, ces deux événements s'entremêlent sans que je sache lequel des deux m'importe le plus.

« J'étais alors élève du lycée Victor-Duruy de Mont-de-Marsan, je venais de finir ma "terminale" (comme on l'appelle de nos jours), celle de 1943-1944.

« Année très mouvementée, car depuis 1940, l'armée allemande d'occupation réquisitionnait les établissements scolaires les uns après les autres.

« Nous avions été ballottés du lycée vers le collège de jeunes filles, à nouveau le lycée, puis l'école normale de Saint-Pierre-du-Mont, pour finir nos études secondaires dans des baraquements de bois annexes de l'école des Arènes : il n'y avait plus d'internat.

« Pour ma part, je logeais à la fin de mes études secondaires dans une pension de famille de la rue Lesbazeilles avec quelques autres étudiants.

« Le débarquement nous fut annoncé à grands cris enthousiastes au moment du petit déjeuner le 6 juin par les deux vieilles filles et leur maman, toutes trois régissant la maison qui nous hébergeait.

« La tête encore bourdonnante de la grande nouvelle, j'affrontai les épreuves du baccalauréat avec encore plus d'émotion.

« J'avais vécu, comme les camarades de mon âge, ces cinq années de guerre et d'occupation au fil de mon adolescence avec la conscience confuse d'être mêlé à des événements historiques simplement parce que le hasard m'avait fait naître entre deux conflits mondiaux du vingtième siècle. Mon village était à cheval sur la ligne de démarcation, route nationale 133 que je sillonnais souvent à bicyclette pour rejoindre Mont-de-Marsan et mon lycée.

« On ne choisit pas son époque. »

Finalement, la session de 1944 compte 13 000 reçus sur 27 000 inscrits, chiffres très proches de ceux de 1943. Bien faibles par rapport aux 49 000 candidats de 1959 et aux 750 000 candidats de 2018 – avec 79 % de candidats admis.

Les événements liés à la guerre ont moins perturbé l'organisation du baccalauréat que les événements de Mai 68 – cette année-là, on l'a dit, les épreuves écrites ont dû être annulées, mais les oraux ont pu avoir lieu –, ou que l'épidémie de Covid-19 – en 2020, et en 2021, toutes les épreuves ont été annulées, les évaluations entièrement fondées sur les notes du contrôle continu.

Fêter le bac : les monômes

À la fin du XIXe siècle, pour fêter la réussite au baccalauréat, s'est institué l'usage d'ajouter aux fêtes et réjouissances individuelles, familiales, des manifestations collectives, les monômes. D'où vient ce mot ? C'est mystérieux. On a avancé l'idée que, lors de ces manifestations publiques, dans la rue, les jeunes gens se tenaient, par la main ou par l'épaule, de façon à former une file indienne, une chaîne, pour exprimer leur solidarité, pour ne former qu'un « seul homme », un

« mono-homme ». Ils n'étaient ainsi qu'un seul homme, et n'avaient pas besoin de déclarer leur manifestation aux autorités. Cette étymologie fondée sur un calembour en vaut une autre. Peu importe.

Cette pratique aurait vu le jour dès les années 1830, au sein de l'école Polytechnique – pour fêter la fin des examens, ou la fin de l'année –, et se serait propagée à diverses autres écoles ou facultés, avant de se généraliser à l'ensemble du monde étudiant.

Traditionnellement, les étudiants se forment en cortège pour serpenter à travers rues et boulevards afin d'occuper le maximum de place, d'être le plus voyant possible. Et le plus bruyant. Il ne saurait y avoir de monôme sans chahut, sans chansons. « On chanta, rapporte le journal *Le Matin* en 1910 sous le titre "Le Quartier latin en fête", et le monôme, en casquettes blanches, mauve et vertes, en bérets galonnés de rouge, de violet et de bleu, serpenta vers Bullier. »

La plupart des établissements d'enseignement supérieur organisaient des monômes, rivalisant de tapage et d'originalité. Les monômes de l'École des beaux-arts, ou ceux de l'École des arts et métiers étaient célèbres. Un des plus fameux était le monôme du bac auquel, à Paris ou en province, participaient l'ensemble des candidats venant de terminer – et de réussir – les épreuves de l'examen. Au Quartier latin, cette espèce de charivari étudiant pouvait rassembler plusieurs milliers de participants.

Au cœur de ces manifestations, d'abord de la joie, celle de jeunes gens ayant terminé l'année scolaire et heureux, l'examen passé, de libérer la tension accumulée dans la préparation de l'épreuve. Cette tradition, pour ainsi dire organique – après l'effort, le relâchement de l'effort, après la peine, la joie –, se perpétue de manière rituelle, souvent codifiée, en différents endroits du monde. Par exemple en Afrique du Sud. Dès la proclamation des résultats de l'équivalent du baccalauréat sud-africain (le *matric*), une fois les traditionnelles *matric dances* effectuées, la jeunesse locale part sur les plages célébrer sa libération à jamais des tourments de l'enseignement secondaire. Suivent quelques jours d'excès brutaux sans témoins extérieurs. Il s'agit d'un rite de passage à l'âge adulte, et l'apprentissage, pour le plus avouable, de ce que peut être une gueule de bois poussée à son paroxysme sous le soleil… L'affaire est si importante qu'elle a été récupérée par des entreprises privées, organisatrices de grandes fêtes de plusieurs jours, en différents endroits du pays, les « Rage », dûment encadrées et tarifées…

Dans la société française de la fin du XIXe siècle et de la première moitié du XXe siècle, la tradition des monômes donne une idée de ce que le baccalauréat est bien un rituel de passage, du monde l'enfance à celui des adultes, de la vie lycéenne à la vie étudiante ; on fête sa réussite publiquement, bruyamment, en prenant la société à témoin, éventuellement en la scandalisant, du moins en s'affranchissant des usages convenus. Le monôme, dans la volonté de choquer, indique clairement un besoin de transgression, de renversement des valeurs – qui rapproche cette manifestation des carnavals, beaucoup d'étudiants, du reste, lors des monômes, étant déguisés. À l'aune de ces cortèges bruyants, le baccalauréat apparaît bien comme un rite collectif païen.

Les monômes, qui ont connu leur heure de gloire à la fin des années 1940 et dans les années 1950, avaient fini par devenir parfois violents, et causer des dégâts. En particulier parce que le besoin de transgression avait conduit à de la surenchère, et parce que les bandes des différents établissements d'une même ville ou d'un même quartier s'affrontaient en des bagarres symboliques, à coups de bombes à eau, farine, œufs plus ou moins pourris, mousse à raser, au cœur même de la ville, finissant par poser des problèmes de sécurité.

Au début des années 1950, il ne faisait pas bon s'attarder dans les centres-ville, aux alentours des lycées, en fin d'après-midi, certains jours du mois de juin. Pour être précis : le soir de la seconde journée des épreuves écrites du bachot, au moment où éclatait le « monôme du bac ». Après des semaines d'enfermement pour réviser les matières, après deux jours d'examen, d'inquiétude et de transpiration sur les copies, les candidats bacheliers, quelques heures, se défoulaient allègrement dans la rue, parfois au détriment des passants : panneaux arrachés, vitrines salies, badauds couverts de farine, encriers lancés comme des grenades sur les autobus pris d'assaut, etc. Pour le plaisir de chahuter. De se défouler.

À Paris, en 1967, les monômes ont été interdits par la préfecture de police. Ce qui n'a pas empêché des bacheliers, excités par cette interdiction – « c'est le piment de cette manifestation », fanfaronnaient-ils –, de continuer à en organiser quelque temps. Les monômes de bacheliers sont désormais plus rares...

Le bac vu par la presse

Monument national, le baccalauréat est visible de toutes parts. Tout le monde y est attaché et a sur lui un avis. Les uns le vénèrent, lui accordent une importance pour ainsi dire sacrée, veulent le conserver à toute force, le consolider, le restaurer, lui rendre vie. Les autres estiment qu'il est temps d'en finir avec cette vieillerie inutile et coûteuse, hypocrite, de mettre à bas le bac, de le diviser en 36 diplômes ; certains veulent le réformer, d'autres changer sa vocation, son organisation, le scinder en plusieurs examens – un certificat de fin d'études secondaires, un concours d'entrée dans l'enseignement supérieur, une procédure d'orientation –, certains veulent le simplifier, l'assouplir, l'alléger, etc. Personne n'est d'accord avec personne. Chacun a un avis. Gare au ministre qui se hasarderait à vouloir modifier quoi que ce soit ! Cela dure presque depuis que le baccalauréat existe, et depuis trente ou quarante ans n'a fait que s'accentuer. Pour la raison que la « machine baccalauréat » est de plus en plus lourde, complexe, et touche de plus en plus de monde. Tant que le baccalauréat était obtenu par 1 % d'une tranche d'âge, on pouvait simplement en modifier l'organisation, les vagues résultant de ce projet ne concernaient qu'un microcosme et ne dégénéraient pas nécessairement en tempêtes politiques. Maintenant que le diplôme est convoité par plus de 80 % d'une classe d'âge, et que la machine qui y prépare, l'Éducation nationale, emploie plus d'un million de personnes, l'affaire est beaucoup plus sensible, le sujet très délicat. Raison pour laquelle la presse observe le baccalauréat avec la plus grande attention et de ce fait constitue un bon reflet de l'image de ce diplôme dans la société française. Comme si le bac était un prisme idéal pour observer le système éducatif du pays.

À travers la presse, le baccalauréat est perpétuellement en crise. Et il est sans cesse nécessaire – voire urgent – de le réformer. À moins qu'il ne faille purement et simplement le supprimer. C'est du moins ce qui apparaît quand on observe la manière dont la presse présente le baccalauréat depuis la fin du XIXe siècle.

Il faut dire que la situation du diplôme dans la société française a profondément évolué. Et que nul n'a jamais été clairement en mesure de dire sa fonction sociale précise – du moins cette fonction sociale a-t-elle toujours été discutable et discutée –, et, hors les *a priori* idéologiques, personne n'a jamais su de science certaine la direction qu'il importerait de donner au diplôme. Au XIXe siècle, le baccalauréat est réservé à une courte élite de la société, avec le propos de conforter cette élite, de la reproduire. Dès la seconde moitié du XIXe siècle – pour ne pas écrire dès l'origine, dans l'esprit de Napoléon, créateur du baccalauréat contemporain –, s'est posée la question de faire profiter du diplôme des catégories plus larges de la population, d'utiliser le diplôme comme un instrument de promotion sociale, de démocratisation. Chaque fois qu'une décision a été prise dans ce sens, elle a rencontré des adversaires – en général nostalgiques du système précédent –, et chaque fois les décisions concernant le baccalauréat ont été présentées de manière dramatique : si telle mesure était prise, alors c'en était fini du baccalauréat... Depuis le début du XXe siècle, des mesures dans le sens d'une large ouverture ont cependant vu le jour, faisant de l'élitiste baccalauréat des origines la préoccupation de près de 90 % d'une génération.

Il est inutile de dire que les transformations subies par le diplôme au cours de ce changement de statut ont fait l'objet d'observations attentives, de débats vifs, et de jugements impitoyables, dont la presse, parfois de manière réductrice voire caricaturale – souvent lucide –, s'est fait l'écho.

Depuis que le baccalauréat est devenu une affaire de masse – schématiquement depuis le lendemain de la Seconde Guerre mondiale ; le phénomène s'amplifie à partir de la fin des années 1950 –, la presse ne manque pas de constater la maladie, voire l'agonie ou carrément la mort du bac. « Supprimons le baccalauréat », suggère *Le Monde* (6 juillet 1961). « Un mort en sursis », constate *Combat* (30 juin 1962). Journalistes et observateurs dénonçant en général la lourdeur de l'examen, et notamment son injustice.

Les années 1960 – et pratiquement toutes les décennies suivantes – ont été marquées, en même temps que le nombre de bacheliers augmentait de manière considérable, par des projets de réforme du baccalauréat, sources de débats et de polémiques qui ont eu leur traduction dans la presse. Avec l'émergence d'une notion très importante : l'attachement des Français au baccalauréat, et l'importance sociale de l'examen. « Un totem », assure Alain Peyrefitte en 1969. Quand, en 1973, le Premier ministre Pierre Messmer déclare que la disparition du baccalauréat ne serait pas « une catastrophe nationale », il provoque une belle polémique.

À partir des années 1970-1980, devant l'échec de toutes les tentatives de réformes significatives – dont beaucoup n'ont souvent pour raison d'être que de corriger les effets négatifs de la réforme précédente… –, la presse oscille entre ton acerbe, fatalisme et découragement : « Tout le monde est d'accord : le bac est périmé. Tout le monde est d'accord pour le maintenir » (*L'Express*, 1973). En 1978, *Le Matin* dénonce « La comédie du bac », *Le Monde*, la même année, regrette que le baccalauréat soit devenu « une formalité » et, dix ans plus tard, en 1988, constate qu'il est « au bord de l'asphyxie ». En 1995, *La Tribune Desfossés* écrit : « Le bac, leurre démocratique, ressemble de plus en plus à un saint Graal négatif : sans lui, on ne peut rien faire, avec lui non plus. »

Aux critiques sur les ratés de la démocratisation, la dévaluation du diplôme, l'insuffisance des débouchés, la lourdeur de l'examen viennent s'ajouter d'anciennes critiques sur les enjeux et les méthodes pédagogiques. Dans *Libération*, un inspecteur dénonce « une pédagogie bachelière qui dégouline jusqu'au collège. Le bac n'est rien d'autre qu'un grand *vomitorium*, un moment de restitution, après des années de rumination, où une cohorte de jeunes viennent déglutir à l'appel les reliefs des cours anciens » (4 septembre 2001). Ce sera un des derniers hauts cris contre le bachotage, si régulièrement dénoncé pendant tout le XIXe siècle et au début du XXe siècle.

Les critiques sur l'impuissance des politiques à transformer l'examen ne cessent de se multiplier. Sous la plume d'Ivan Rioufol, *Le Figaro* constate – se félicite ou déplore – que « pour l'essentiel, [avec] la réforme Bayrou, rien ne bouge. [...] Le bac est bel et bien devenu le point de consensus entre la gauche et la droite. Et l'actuel ministre de l'Éducation s'est gardé de bousculer l'édifice » (8 juin 1994).

Quant aux propositions de Jean-Pierre Chevènement, conduire 80 % d'une classe d'âge au niveau du baccalauréat, elles peinent à convaincre. Ce n'est « ni sérieux ni réaliste », affirme *Le Figaro* (13 novembre 1985). « 80 %, oui, mais comment ? », interroge *Le Monde* (8 mars 1986).

La presse est en réalité écrite par des personnes qui, pour l'essentiel, ont passé leur bac quelques années plus tôt, et apprécient les réformes proposées à la mesure de l'école – et du bac – qu'elles ont connue. Constat qui renvoie aux rigidités de l'appareil éducatif quand lui sont proposées des réformes de fond. « Modifier l'organisation du baccalauréat, observe Georges Solaux, c'est modifier les critères de reconnaissance de la culture et les éléments constitutifs de cette dernière. C'est en réalité dire aux détenteurs de la culture dominante que sont les enseignants que les principes autour desquels ils ont conduit leur identité culturelle doivent être revus. Vouloir réformer le baccalauréat, c'est s'attacher à entreprendre la révision de l'identité culturelle du corps enseignant et des détenteurs de la culture » (*Le Baccalauréat*, 1995).

« Leurre », « gâchis », « échec », « recul » : depuis cinquante ans, les articles de presse autour du baccalauréat ont souvent une tonalité sombre, amère, désabusée. D'autant plus inquiétante que le baccalauréat est souvent perçu – et présenté – comme le révélateur de « quelques failles du système pédagogique français » (*Le Nouvel Observateur*, juin 1969). La presse souligne tout à la fois l'échec massif des bacheliers à l'université, déplore le niveau des candidats, met en cause les méthodes d'enseignement, en particulier, à la fin des années 1970, les nouvelles méthodes d'apprentissage de la lecture qui, dans les copies du bac, donneraient des résultats catastrophiques. « À quoi sert la philo ? », se demande *Télérama* (juin 1995). Le latin, l'histoire seront de la même façon mis en question.

Loin des critiques des réformes en cours, loin de la déploration de la baisse du niveau du diplôme, la presse interroge volontiers les célébrités par rapport au baccalauréat. On republie leurs copies, on les invite à composer aujourd'hui, en même temps que les « vrais » candidats, on leur demande surtout leurs souvenirs. Le baccalauréat est un rite social, une institution sacrée, que la presse évoque à ce titre et autour de laquelle elle mobilise toutes les bonnes volontés. « Menacer le baccalauréat est une infamie, explique *Le Figaro* le 12 juin 2003 quand une crise sociale et des manifestations avaient mis en péril l'organisation de l'examen, une infamie comparable au fait d'avoir sifflé "La Marseillaise" au Stade de France. » « Le baccalauréat, observe l'historien Michel Pastoureau interrogé par *Le Quotidien de Paris*, me semble être ce qu'il y a de moins injuste pour quitter le monde du lycée et de l'adolescence. » Tout en constatant, dans le même entretien, que : « Chaque classe d'âge souhaite plus ou moins consciemment que les classes d'âge suivantes en passent par où elles sont passées » (11 juin 1991). Le bac est bien une institution, qui ne doit pas bouger, et « a encore de beaux jours devant [elle] » (*Le Figaro*).

Dans la presse, une rubrique va connaître un grand succès à partir des années 1980 : le classement des lycées en fonction de leur taux de réussite au baccalauréat. *Le Figaro Magazine*, *Le Point*, *Le Nouvel Observateur* publient régulièrement de tels palmarès. Au rite de l'examen s'ajoute depuis ce temps le rite de ces classements…

Au total, aujourd'hui, le baccalauréat n'est plus tellement critiqué. Il est célébré, survivance rassurante – même si elle est incompréhensible ou poussiéreuse ou totalement inutile – d'un monde ancien, victime malheureuse des dérives réunies de la démographie, de l'école, de la société.

Trente ans de réforme du bac à la une de *Libération*

Chaque fois qu'un ministre veut toucher au baccalauréat, c'est compliqué. Il doit s'engager sur un chemin – de croix ? – jalonné de manifestations, d'effets d'annonce, de tentatives, de déceptions. Il navigue entre trente-six écueils, et peu ou prou en revient souvent aux mêmes recettes, en particulier, depuis trente ou quarante ans, à l'intention d'introduire du contrôle continu pour évaluer les candidats et ainsi alléger l'examen. Déjà apparu à la fin du XIXe siècle, le projet a tour à tour été défendu, contre vents et marées – et syndicats et opinion – par Christian Beullac, Lionel Jospin, Claude Allègre, François Fillon ou Jean-Michel Blanquer.

Ces projets de réforme du baccalauréat – restés à l'état de projet ou convertis en réformes réelles –, on peut observer la présentation qu'en donnait le quotidien *Libération*. Et ainsi mesurer l'inquiétude que depuis trente ou quarante ans ils ont pu faire naître : le monument « national » paraît en péril...

1985. « Tous bacheliers », titre le journal le 13 novembre. « D'ici à l'an 2000, Chevènement veut doubler le nombre de bacheliers. Selon la réforme des lycées annoncée hier par le ministre de l'Éducation nationale, 80 % des jeunes atteindraient le niveau du bac dans quinze ans. Pour relever ce défi colossal, il diversifie les filières. [...] Les maths joueront un rôle moins sélectif et le latin fera un retour en force. »

1990. 13 novembre. Lionel Jospin est ministre de l'Éducation nationale. Dans la rue, 300 000 lycéens protestent contre ses projets de réforme du lycée – et du bac.

Ce mouvement lycéen réclame de nouveaux locaux, de nouveaux professeurs et surveillants et des classes allégées. Il dénonce une violence banalisée dans les écoles et un manque de moyens pour y faire face. Leurs revendications et les violences qui avaient entouré les cortèges sont à la une du journal : « Lycée, l'urgence ».

1991. 23 avril : « Un lifting pour les lycées ». Quatre mois après les manifestations lycéennes, Lionel Jospin « a présenté [...] ses propositions pour une rénovation pédagogique des lycées. Pour accompagner la "démocratisation" du secondaire et l'arrivée des 80 % d'une tranche d'âge au niveau du bac, le ministre de l'Éducation nationale propose une déhiérarchisation et un décloisonnement des filières. Pour lutter contre l'échec scolaire, des modules de soutien ou d'approfondissement en petits groupes seront mis en place. Les horaires seront sensiblement diminués. »

1999. Claude Allègre engage une réforme qui « risque de décevoir ceux qui souhaitaient une réforme ambitieuse », écrit Alain Auffray. « La principale nouveauté est sans doute l'introduction des travaux personnels encadrés, TPE. Qui fait craindre à certains l'avènement des "lycées *light*" où on ne fait qu'effleurer la matière. »

2003. *Libération*, le 29 mai, titre : « L'épreuve du bac ». Depuis des mois enseignants et élèves sont en grève face à Luc Ferry fraîchement nommé ministre de l'Éducation nationale. Les lycéens condamnent la suppression des sessions de rattrapage, l'autonomie renforcée des universités, l'harmonisation européenne des diplômes et la sélection après la licence... « Jamais, écrit Emmanuel Davidenkoff, les deux rendez-vous rituels [le bac et la rentrée scolaire] que la France donne à son école n'ont été aussi incertains. » Le 9 juin, le journal titre : « Le bac, un vieux cancre sauvé au rattrapage », avec cette accroche : « Obsolète, coûteuse, critiquée… l'épreuve bicentenaire semble pourtant indéboulonnable. »

2005. Vendredi 11 février. « Fillon rate son bac. Près de 100 000 lycéens ont manifesté hier contre la réforme du ministre de l'Éducation, critiquée aussi au sein de la majorité. » Pour « restaurer l'égalité », le ministre proposait six épreuves au bac, un contrôle continu, et la suppression des travaux personnels encadrés (TPE).

2008. « Bac, c'est reparti pour cent ans ? », interroge la une face aux projets de Xavier Darcos (9 juin). Il souhaite réformer l'architecture avant de réformer l'examen en lui-même.

2011. Sous le titre « Le bug du bac », le 24 juin le journal commente : « La fuite de l'épreuve de maths de la série S n'est que le plus gros d'une série de couacs qui fragilisent l'examen. »

2018. Réforme Blanquer. Le 21 février, le journal titre : « Bac. Un totem est tombé. » « Moins d'épreuves, un grand oral, 40 % de contrôle continu… La réforme annoncée par Jean-Michel Blanquer remodèle un examen à bout de souffle. Mais les inquiétudes demeurent. »

À quoi sert le bac ?

Des fonctions pratiques émoussées

La question est posée depuis que le bac existe. Au début du XIXe siècle, le baccalauréat concernait très peu de monde pour la raison que la plupart des gens, de toutes conditions sociales, s'en sortaient parfaitement sans ce morceau de papier.

Les « fils de famille », comme on disait, n'avaient besoin d'aucun diplôme pour reprendre l'entreprise familiale. Les candidats à Polytechnique, à l'École des ponts et chaussées ou à Saint-Cyr se présentaient directement au concours d'entrée à l'école, pour lequel on ne leur demandait pas le baccalauréat. Seuls présentaient le sacro-saint examen les jeunes gens qui souhaitaient poursuivre des études de médecine, de lettres ou de droit – et dans ces matières a-t-il même existé des « capacités » qui permettaient de poursuivre ces études sans bac. Aussi compte-t-on très peu de candidats : 1 700 en 1814, 4 600 en 1854, 7 000 en 1891, époque à laquelle les chiffres commencent à monter un peu, du fait de l'instauration d'un bac « moderne ».

En 1950, la revue *Réalités* posait la question : à quoi sert le bachot quand on l'a ? « Ce qu'ils savent en revanche dès l'enfance [les candidats], c'est que, peu utile quand on l'étreint, ce monstre est redoutable quand il vous échappe. Qu'il s'agisse bien d'un monstre, cela est actuellement admis par l'énorme majorité des éducateurs. Le baccalauréat actuel est critiqué de toutes parts. Tous les projets de réforme de l'enseignement accordent la priorité à sa transformation profonde. Si on ne le considère que comme “la sanction de la scolarité dans les sections théoriques de l'enseignement secondaire”, il est manifestement trop lourd et exagérément difficile. Au lieu de “sanctionner” l'enseignement secondaire, il le déforme tout entier. Pour beaucoup de parents, il a en effet un prestige magique. [...] L'explication la plus courante est qu'il représenterait à leurs yeux l'équivalent d'un titre nobiliaire dont l'aspect honorifique primerait l'utilité : il serait devenu une sorte de certificat de bourgeoisie. »

Pendant tout le XXe siècle, cela semble une des plus précieuses fonctions de l'examen : l'important n'est pas tant le passage qu'il permet que la frontière qu'il consacre entre ceux qui le passent et ceux qui ne le passent pas. Obtenir le baccalauréat fait par-dessus tout accéder à la catégorie sociale de ceux qui maîtrisent la culture, traditionnellement élitiste. Le baccalauréat – ce qui lui est parfois reproché, notamment par Pierre

Bourdieu – institue des distinctions et assigne les individus à un statut.

L'intérêt pédagogique du baccalauréat semble s'effilocher, son intérêt réel pour accéder à l'enseignement supérieur est mince, tandis que l'aspect rituel de cet examen demeure et se transmet de génération en génération. Pour Georges Suffert, le baccalauréat est « cette colonne de la société française devant laquelle nous avons tous tremblé » (*France-Observateur*, 25 juin 1959). Pour Xavier Darcos, ministre de l'Éducation nationale, le baccalauréat est rien de moins qu'« un des blocs de granit sur lequel la République s'est faite » (*Phosphore*, avril 2008).

Depuis sa création, le baccalauréat remplit une double fonction. Il atteste d'abord que le bachelier a bien acquis savoirs et savoir-faire fondamentaux transmis par l'enseignement secondaire. C'est la fonction « certificative » du diplôme. Il donne ensuite un droit d'accès aux études supérieures. C'est sa fonction d'orientation.

Cette double fonction était parfaitement justifiée à l'époque où le baccalauréat n'était délivré qu'à quelques dizaines de milliers de lauréats chaque année, à l'issue d'épreuves rigoureuses, par des jurys exigeants. Peut-elle perdurer avec les plus de 700 000 bacheliers produits chaque année par l'enseignement secondaire français, et des taux de réussite à l'examen souvent supérieurs à 90 % ?

La fonction certificative est affaiblie, la fonction d'orientation mise à mal. Depuis des années se sont multipliées dans l'enseignement supérieur les filières ayant institué des procédures de sélection indépendantes du baccalauréat (examen d'un dossier, concours particulier, procédure de recrutement distincte du bac...). C'est le cas des classes préparatoires aux grandes écoles, des IUT, BTS, des licences doubles, des établissements d'enseignement non universitaires, etc. À côté de ce système « sélectif », le secteur « ouvert », c'est-à-dire qui n'instaure aucune sélection à l'entrée, enregistre, dans les premières années, des taux de réussite très modestes. Tout se passe en somme comme si le nécessaire travail de sélection que l'enseignement secondaire ne fait plus était désormais confié aux premiers cycles universitaires non sélectifs.

Du reste, la procédure informatique Parcoursup, qui organise la répartition des élèves de terminale vers les formations supérieures, impose un calendrier qui fait très peu de cas des résultats obtenus aux épreuves du baccalauréat. C'est en effet vers la fin du mois de mai que, chaque année, les candidats commencent à recevoir les réponses à leurs diverses demandes, à une époque où les épreuves du baccalauréat ne sont pas terminées – à cette date, il reste à passer la philosophie, les deux enseignements de spécialité, le grand oral, soit plus de la moitié de l'ensemble des coefficients. Ce que les « commissions d'examen des vœux » – lcs jurys – prennent en compte, ce n'est pas le succès (ou les notes) au baccalauréat – à cette époque de l'année ne sont disponibles que les notes obtenues aux épreuves anticipées du baccalauréat qui se déroulent en fin de première –, mais le parcours de l'élève depuis des années, les appréciations de ses professeurs, les établissements qu'il a fréquentés, ses projets, etc.

En Australie, l'équivalent du baccalauréat, examen de fin des études secondaires, attribue à chaque candidat un score, fonction de ses notes au contrôle continu et à l'examen : selon le nombre de points acquis, le candidat a accès à telle ou telle formation, école, université, filière. Le baccalauréat, en tant que tel, remplit ainsi cette fonction d'orientation.

Depuis des décennies, on entend le même leitmotiv : le baccalauréat ne sert à rien. Quand on l'a, on n'est pas tellement avancé. On n'a accès à aucun emploi, aucun statut social. Et toutes les filières d'enseignement supérieur intéressantes auxquelles le baccalauréat donne accès se fichent pas mal que l'élève ait ou non eu son bac.

Même s'il est partout nécessaire, le bac est devenu symbolique, purement formel, pratiquement assez inutile. Avec une consolation – d'importance – pour les bacheliers : quand on ne l'a pas, c'est pire.

Prenons le cas des filières d'excellence de l'enseignement supérieur, celles qui organisent une sélection à l'entrée. Si le bac était supprimé, qu'est-ce que, par exemple, cela changerait aux études de médecine ? Rien. Si n'importe qui pouvait s'inscrire en première année de médecine, tout au plus le concours de fin de première année serait-il un peu plus sélectif, et aussi bien les facultés de médecine pourraient-elles embarquer – probablement à dose homéopathique – des candidats non-bacheliers, vraiment originaux, qui pourraient faire de très bons médecins. *Idem* pour les études de droit. *Idem* pour les filières BTS. *Idem* pour les classes préparatoires aux grandes écoles : si le bac était supprimé, pour ces filières cela ne changerait strictement rien. Elles ont depuis belle lurette l'habitude de recruter des candidats sur dossier : elles continueraient à procéder de la sorte.

À quoi sert le bac ? C'est un passeport, formel comme tous les passeports, indispensable pour franchir les frontières – et complètement inutile si on ne s'en sert pas. Une estampille conventionnelle qui, même si elle est en voie de dévaluation, conserve son pouvoir symbolique.

Les amis du bac traditionnel – en général réservés par rapport aux réformes entreprises, en particulier l'introduction d'une forme de contrôle continu pour évaluer les candidats – avancent l'argument de son utilité en quelque sorte politique : le baccalauréat souderait la communauté nationale autour d'un rituel de passage éducatif. Toutes les familles qui comprennent un enfant en âge de passer l'examen vivraient alors au même rythme, les proches du candidat ayant tout autant que lui le sentiment de subir les épreuves... Fonction assurément en train de s'émousser.

Baccalauréat et promotion sociale

Longtemps – des origines aux années 1970, pour simplifier –, le baccalauréat a été perçu comme un instrument de promotion sociale. Obtenir ce diplôme, c'était accéder à des fonctions sociales relativement supérieures, du moins valorisantes. C'était rester dans la catégorie sociale aisée, si on y appartenait déjà, et y accéder si on en était au-dehors. Cette réalité sociale explique l'importance longtemps donnée au baccalauréat. C'était à la fois un rituel – laïque, démocratique, républicain –, un moment initiatique de l'existence, mais ce n'était pas qu'un symbole vain : c'était surtout une voie d'accès à des situations économiques et sociales enviables.

L'histoire de la France au XXe siècle est pleine de gens, produits de l'Instruction publique ou de l'Éducation nationale, qui ont connu des élévations sociales prodigieuses, avec pour point de départ la réussite au baccalauréat, Albert Camus, prix Nobel de littérature, Georges Pompidou, président de la République, pour n'en citer que deux.

Pour cette raison, le baccalauréat a été longtemps perçu comme un diplôme convoité, et la réussite à cet examen longtemps fêtée comme un événement heureux.

D'aucuns, de plus – l'idée est apparue au lendemain de la Seconde Guerre mondiale –, auraient aimé assigner au lycée en général et au baccalauréat en particulier une mission nouvelle : réduire les inégalités sociales.

Depuis les années 1980 – on n'est pas ici dans le domaine d'une histoire événementielle nette, les jalons sont mobiles –, la perception du diplôme a évolué. Il n'est plus de façon aussi certaine synonyme d'accès à une vie bonne, à une existence confortable et gratifiante. Avoir le baccalauréat, si on appartient à une catégorie sociale favorisée, n'est plus une condition suffisante pour y demeurer, et pas non plus une condition suffisante pour y accéder si on n'y appartient pas.

Le sentiment dominant – dans la plupart des catégories sociales – est aujourd'hui chez les trentenaires l'impression d'un déclassement, réel ou ressenti. Le baccalauréat donne de moins en moins accès à l'emploi, au logement, à l'autonomie, et ne suffit certainement pas à ouvrir la voie aux formations supérieures les plus intéressantes. Cela alors que les jeunes générations ont été plus longtemps à l'école que leurs parents et ont dans l'ensemble obtenu davantage de diplômes.

Attachés au baccalauréat, les espoirs de promotion sociale individuelle, et, sur le plan collectif, de réduction des inégalités sociales semblent malmenés.

Cette impression a deux explications. La première, en quelque sorte objective : l'école – et le baccalauréat, qui de fait concrétise un cycle scolaire d'une douzaine d'années – demeure un facteur de reproduction sociale. Les inégalités sociales vont en s'accroissant, malgré l'augmentation massive du nombre des bacheliers.

Dans une étude de juin 2019, L'Observatoire des inégalités a montré dans quelles proportions les milieux populaires étaient largement sous-représentés dans l'enseignement supérieur.

Les enfants d'ouvriers représentent 12 % des étudiants, selon les données 2017-2018 du ministère de l'Éducation nationale, alors que les ouvriers représentent près d'un quart de la population active. Les enfants de cadres supérieurs, à l'opposé, représentent 35 % des étudiants, alors que leurs parents ne forment que 18 % de la population.

L'enseignement supérieur français comporte trois volets principaux. Un enseignement court, technique et doté de moyens (les BTS et les IUT), pour partie accessible aux milieux populaires, constitue une voie de promotion sociale. Un enseignement universitaire généraliste, faiblement doté, où les enfants de milieux modestes sont présents, mais au premier cycle et dans certaines filières souvent dévalorisées. Les enfants d'ouvriers et d'employés sont beaucoup moins représentés dans les filières sélectives, comme la médecine, en master ou en doctorat. Enfin, un système de classes préparatoires et de grandes écoles très richement doté qui n'intègre les jeunes de milieux modestes qu'au compte-gouttes.

Autant dire, face à cette réalité, que l'obtention du baccalauréat ne suffit pas, en soi, à modifier ces inégalités sociales.

Le phénomène, à dire vrai, est ancien. Sans remonter au XIXe siècle, où le baccalauréat était clairement un diplôme destiné à une très faible portion de la population – la bourgeoisie aisée –, dans l'entre-deux-guerres l'étude des origines sociales des élèves de la khâgne du lycée du Parc à Lyon – un des meilleurs de France par le nombre de candidats admis à l'École normale supérieure – avait déjà permis de souligner la place prépondérante des enfants de fonctionnaires et notamment des enseignants, et plus généralement des jeunes gens issus des classes moyennes.

L'impression de déclassement, le sentiment que le baccalauréat ne sert à rien pour s'élever socialement a une deuxième cause : l'érosion de la valeur intrinsèque du diplôme.

Depuis les années 1980, on constate une diminution de la mobilité sociale ascendante. À l'image de l'école en général, le baccalauréat ne remplit plus une de ses fonctions traditionnelles : il ne permet plus la promotion sociale, voire agit dans le sens inverse. C'est le « paradoxe d'Anderson » souligné par le sociologue Arnold Anderson (1907-1990) : l'évolution de la structure des emplois est telle qu'il y a davantage d'emplois qualifiés, mais le nombre de diplômés a augmenté encore plus vite. Il s'ensuit une perte de la valeur économique – et sociale – de ces diplômes : un adulte plus diplômé que son père n'est pas assuré d'une position sociale supérieure. Pour le sociologue, « le statut social relatif des fils apparaît comme pratiquement indépendant de leur niveau d'instruction relatif ». Le diplôme est comme une monnaie : il connaît aussi une inflation qui entraîne sa dévaluation. Le lien entre diplôme et statut social se relâche. Ce phénomène a été reformulé de la manière suivante : la détention des diplômes, comme moyens d'accès à des positions sociales valorisantes, apparaît de plus en plus nécessaire mais de moins en moins suffisante.

Le paradoxe d'Anderson met en lumière le fait que la rentabilité sociale et économique des diplômes tend à baisser : à une génération d'écart, le même diplôme ne permet plus d'accéder aux mêmes types de positions socioprofessionnelles. Cette dévalorisation du diplôme sur le marché du travail est explicable à partir du décalage entre la forte croissance du nombre de diplômés (massification scolaire) et l'augmentation plus faible du nombre de positions sociales correspondant à ce niveau de qualification. Il n'existe donc pas de lien direct de cause à effet entre l'amélioration du niveau de qualification d'un individu et son ascension sociale, cela mettant à mal une idée sous-jacente au système scolaire français, la méritocratie.

D'autres observateurs – en général ceux qui en tiennent pour la suppression pure et simple du baccalauréat – estiment que l'utilité sociale du baccalauréat a évolué en raison de l'abaissement tendanciel du niveau des bacheliers. C'est par exemple le constat dressé par Catherine Pauchet dans *Faut-il supprimer le bac ?* (2008) : « En 2008, le "bac" joue le rôle social que tenait le certificat d'études primaires jusque dans les années 1960 et la licence celui qu'il tenait il y a près d'un demi-siècle. De fait, la somme des connaissances s'étant accrue, le niveau minimum de qualification augmente. Mais voilà, éduqués dans le mythe du baccalauréat diplôme de l'élite, nos bacheliers s'illusionnent sur leur mérite et s'accrochent à leur titre. Ce ne serait pas grave si, au bout du compte, les portes de l'enseignement supérieur ne s'ouvraient sur un flot d'échecs et d'amertume. »

L'obtention du baccalauréat reste un marqueur social. Un accès au baccalauréat qui varie fortement selon l'origine sociale des élèves

L'obtention du baccalauréat est donc loin d'être aussi généralisée qu'on ne le croit parfois. En conséquence, il y a lieu de s'interroger sur les caractéristiques que partagent les jeunes qui sortent du système scolaire avant l'obtention du baccalauréat : ces sorties sont-elles seulement le fruit d'une histoire personnelle singulière ou obéissent-elles à des déterminants sociaux ?

L'analyse des données statistiques existantes permet de répondre sans ambiguïté à cette question : si l'histoire et les dispositions de chaque élève jouent sans doute un rôle dans l'accession au baccalauréat, l'origine sociale des jeunes y contribue également sans aucun doute possible.

Pour en mesurer l'influence, il suffit en effet de se référer aux études que suivent tout au long de leur scolarité des élèves regroupés dans un panel d'élèves représentatif. C'est en particulier le cas du « panel 1989 » suivi par la Direction de l'évaluation, de la prospective et de la performance (DEPP) du ministère de l'Éducation nationale. Les conclusions des enquêtes menées dans ce cadre sont particulièrement nettes : selon la catégorie socioprofessionnelle à laquelle appartiennent les parents d'un élève, ses chances de quitter le système scolaire en ayant au moins obtenu le baccalauréat varient extrêmement fortement.

Ainsi, seuls 12,8 % des enfants d'enseignants et 15,9 % des enfants de cadres supérieurs achèvent leurs études sans avoir obtenu le baccalauréat. Cette proportion s'élève à 45,7 % parmi les fils et filles d'ouvriers qualifiés et culmine à 58,9 % parmi les élèves dont les parents étaient ouvriers non qualifiés ou inactifs.

D'une catégorie sociale à l'autre, les jeunes bacheliers peuvent être minoritaires dans leur génération ou très largement majoritaires, ce qui explique donc l'inégale valeur que peuvent attribuer au baccalauréat les différents groupes sociaux : pour les enfants des milieux aisés, des professions intermédiaires ou des agriculteurs, le baccalauréat n'est à l'évidence qu'une étape et l'obtenir n'a rien de particulièrement surprenant. Parmi les élèves issus de milieux plus modestes, la réussite à l'examen revêt un tout autre lustre et semble à juste titre un succès notable.

Ces représentations différentes doivent être soulignées, car elles nourrissent pour une part l'ambiguïté qui règne autour du baccalauréat : pour les uns, il serait plus facile qu'auparavant et, pourtant, pour une large partie de la population, il conserve une véritable valeur sociale et symbolique. Cette apparente contradiction se résout donc sans difficulté une fois éclairée par une analyse de l'origine sociale des bacheliers. Dans une famille où les parents ne sont pas tous les deux bacheliers et dans un milieu où une minorité de jeunes obtient le baccalauréat, la réussite à l'examen est bien un petit événement.

Ces déterminants sociaux sont encore plus nets si l'on restreint l'analyse à l'accès au seul baccalauréat général, qui sert encore largement de point de référence à notre inconscient collectif : 74,8 %

des enfants d'enseignants et 69,2 % des fils et filles de cadres supérieurs obtiennent un baccalauréat général, contre 22,9 % des élèves dont les parents sont ouvriers qualifiés et 15,8 % de ceux dont le père et la mère sont ouvriers non qualifiés ou inactifs.

Ces différences ne trouvent sans doute pas leur origine dans des taux de réussite à l'examen très variables selon l'origine sociale. En effet, l'immense majorité des élèves entrés en première générale ou technologique obtiendra son baccalauréat à la première, à la deuxième ou à la troisième tentative.

Les inégalités sociales dans l'accès au diplôme se construisent donc en amont, les élèves n'accédant pas au baccalauréat parce qu'ils ont quitté le système scolaire après la troisième ou parce qu'ils ont été orientés vers une des filières professionnelles, le plus souvent sans l'avoir choisi, ce qui se traduit par des abandons massifs tout au long des quatre années de la scolarité secondaire professionnelle.

L'inégal accès d'une génération au baccalauréat traduit donc un net dysfonctionnement du système d'orientation et une certaine incapacité à surmonter les inégalités scolaires. Sans doute n'y a-t-il là aucune surprise, ces constats étant très largement partagés. **Ils trouvent toutefois une illustration particulièrement flagrante une fois considérés au travers du prisme du baccalauréat et appellent une véritable réflexion, qui peine pour l'instant à s'esquisser.**

Extrait de *À quoi sert le bac ?*, rapport d'information du Sénat présenté par M. Jacques Legendre (2008).

Célébrités qui n'ont jamais eu le bac

C'est un thème rituel, chaque fois qu'on évoque le baccalauréat : la liste – inépuisable, toujours renouvelée – des gens qui ont eu des vies brillantes – y compris dans le domaine intellectuel ou politique, ou dans le monde des affaires – sans bac. Michèle Morgan, Brigitte Bardot, Catherine Deneuve, Charles Trenet, Georges Brassens, Raymond Devos, Gérard Depardieu, Claude Bolling, Robert Hossein, Pierre Cardin, tant d'autres, donnent des espoirs aux candidats inquiets, voire aux recalés...

Ces non-bacheliers sont nombreux dans les mondes du sport, des arts ou du spectacle – ce n'est pas surprenant, ces domaines faisant appel à de tout autres qualités que celles exigées des bacheliers –, mais ils ne sont pas rares par exemple dans le monde des lettres. L'absence de diplôme n'a empêché ni la réussite littéraire ni la gloire, de leur vivant ou posthume : de nombreux établissements d'enseignement, écoles, collèges ou lycées, portant désormais le nom de ces non-bacheliers.

La liste des écrivains non-bacheliers est assez bien pourvue : Émile Zola (il a raté deux fois l'examen, sept lycées portent son nom), Guillaume Apollinaire (il a raté son bac, scolarisé au lycée Masséna de Nice, où un lycée est désormais baptisé « Guillaume-Apollinaire », comme un lycée de Créteil), Sacha Guitry (il a connu une scolarité si houleuse que, à dix-huit ans, il était encore en sixième... C'est à ce moment qu'il a décidé d'arrêter ses études), Jean Giono (en raison de la maladie de son père, il a dû interrompre ses études très jeune pour subvenir aux besoins de sa famille, et a trouvé un emploi dans une banque), André Malraux (à dix-sept ans, élève au lycée Condorcet, il décide d'abandonner ses études : quinze ans plus tard, il recevra le prix Goncourt et connaîtra la célébrité), Jean Cocteau (le délicat poète n'avait pas été très bon élève et avait raté deux fois son bac. Plusieurs écoles et un lycée portent son nom), Jean Genet (il a connu une enfance difficile, tôt placée sous le signe de la délinquance, a reçu une formation d'ouvrier typographe, et écrit ses premiers livres en prison, école qui en valait une autre...), Régine Deforges (renvoyée de l'établissement où elle était scolarisée à seize ans, elle commence à travailler, deviendra libraire, éditrice, romancière à succès)...

L'absence de baccalauréat n'a pas empêché non plus des hommes politiques de faire de belles carrières, et de devenir même ministre précisément chargé – entre autres – de l'organisation du baccalauréat. Cela a été le cas d'André Honnorat, qui du fait de la modestie des revenus de ses parents, a dû interrompre très tôt ses études secondaires, est devenu journaliste, puis a intégré l'Administration, avant de s'engager en politique, de devenir député des Basses-Alpes, puis ministre de l'Instruction publique en 1920. Il est surtout connu pour avoir imaginé et mis en place le système de l'heure d'été (en 1917). René Monory, qui connut également une carrière brillante, fut, parmi de nombreuses autres responsabilités, ministre de l'Éducation nationale (de 1986 à 1988). Lui non plus, d'origine modeste, mécanicien automobile de formation, n'avait jamais décroché le fameux diplôme.

D'autres hommes politiques du XXe siècle n'ont jamais obtenu le baccalauréat : Jean Monnet (qui n'avait eu que le « premier bac »), Antoine Pinay, Georges Marchais, Marcel Bigeard (qui avait eu une carrière militaire avant d'entrer en politique), Pierre Bérégovoy, Jean-Louis Debré, Christian Estrosi, Christian Jacob, etc.

Des hommes d'affaires célèbres ont connu de superbes réussites sans baccalauréat : Marcel Bleustein-Blanchet, Bernard Tapie, François Pinault…

Toutes ces gloires illustres seraient-elles la preuve que le baccalauréat ne sert à rien ? Ou qu'il ne sert pas à grand-chose ? Ou que l'absence de baccalauréat donne dans la vie un désir de revanche plus puissant que ce qu'apporte le diplôme au commun des mortels ?

Transmission des savoirs et méritocratie

La mission première et légitime et fondamentale de l'éducation pourrait se résumer d'une formule : transmettre le savoir, à la rigueur les savoirs. De sorte que la seule question importante à poser à propos du baccalauréat devrait être simple : cet examen est-il un bon moyen, un bon instrument pour transmettre le savoir ? Est-il un bon indicateur pour apprécier si le savoir circule bien dans une société et se transmet convenablement de génération en génération ? Le taux de réussite au baccalauréat, la proportion de bacheliers dans une tranche d'âge, le nombre de mentions à l'examen sont-ils de bons critères pour s'assurer que l'appareil éducatif transmet bien le savoir ? Le baccalauréat est-il la garantie d'une communauté nationale soudée autour d'un minimum de connaissances – de la langue, de l'histoire, de l'espace –, donc de valeurs communes ? Les réponses sont évidemment compliquées.

Nombreux sont les observateurs qui tiennent le baccalauréat, en tant que couronnement, cap et boussole d'un long parcours éducatif, pour une « arnaque », une « hypocrisie », et se fondent notamment sur des classements internationaux pour mettre en lumière le fait que, résultante d'un système à bout de souffle, le baccalauréat remplit mal – ou très mal – sa fonction de transmission des savoirs.

La IIIe République avait prétendu rompre avec l'Ancien Régime en substituant aux privilèges de la naissance d'autres privilèges, fondés sur le travail et le mérite. La transmission du savoir y était un instrument de la démocratisation de la société. Elle avait même pensé instituer une « méritocratie », règne du mérite qui fournissait une organisation générale à la société, lui donnait un sens. Le baccalauréat a longtemps été le critère d'accès à cette nouvelle aristocratie. À l'heure où l'on a estimé qu'il était possible de conférer ces privilèges à l'ensemble de la société, nul doute que cette fonction sociale du baccalauréat s'est totalement évaporée. « Donner un bac aujourd'hui dévalorisé, affirme Jean-Robert

Pitte, entraîne en effet des conséquences plus lourdes que ne pas donner le bac dans les années 1960. [...] [Si] l'on vous donnait le bac, vous pouviez avoir la certitude que sa valeur vous permettrait de poursuivre des études avec succès. En somme, on ne vous mentait pas. [...] Donner l'illusion aux jeunes que, parce qu'ils ont le bac, ils sont au niveau, est un mensonge qu'ils finissent par payer cher individuellement et que nous payons cher collectivement. Cela mine jusqu'au respect que chacun doit avoir de lui-même et cela mène droit à la frustration et à la révolte.

« [...] Jusqu'aux années 1960, non seulement le niveau du baccalauréat constituait une authentique garantie, un viatique sur lequel on pouvait bâtir une vie, mais il permettait réellement l'ascension sociale. Et cela sans que l'on pleure des larmes de crocodile sur la fatalité ou le poids des origines, discours qui ne sert à rien d'autre qu'à travestir la mauvaise conscience d'une certaine bourgeoisie, de ce qu'il est convenu d'appeler la "gauche caviar" ou, nuance infime, les "bobos".

« [...] Historiquement, le bac fut une barrière, tout simplement parce que cela garantissait que la méritocratie valait mieux qu'un simple slogan. Pour cela, il faut des exigences. Même si la méritocratie suppose que tout le monde ne réussisse pas ou n'ait pas un niveau similaire, elle a ce caractère extraordinairement stimulant qui renvoie un message essentiel : "Tout le monde peut y arriver." La dignité de la République n'est pas de compenser, de niveler, d'araser, c'est d'amener chacun à dépasser ce qui l'entrave » (*Stop à l'arnaque du bac*, 2008).

Le baccalauréat : une organisation prodigieuse

Une fiction très réaliste : le bac n'a pas lieu

En 1989, dans *Le baccalauréat n'aura pas lieu* Guy Bourgeois imaginait un scénario catastrophe d'annulation du baccalauréat. Un grain de sable informatique avait fait dérailler la gigantesque machine et empêché l'envoi des convocations aux candidats – à l'époque, ils étaient 475 000 qui se convertiraient en 347 000 lauréats, deux fois plus que vingt ans auparavant ; en 2020, il y aura eu 740 584 candidats et 713 900 diplômés. L'auteur du livre n'était pas un romancier d'anticipation fantaisiste, mais un haut fonctionnaire chevronné, excellent connaisseur de la maison – et peut-être des faiblesses de son système informatique –, déjà collaborateur de deux ministres de l'Éducation nationale, Christian Beullac et René Monory – il dirigera également, plus tard, le cabinet de François Bayrou. De plaisante – et inquiétante – façon, il avait montré l'énormité du baccalauréat, considéré comme une entreprise, sa « monstruosité organisationnelle », pour reprendre les mots de Pierre Mathiot dans le rapport récemment remis au ministre de l'Éducation nationale, et donc sa fragilité.

Les acteurs : ils font, ils sont le bac

Les acteurs du baccalauréat sont nombreux, rangés dans plusieurs catégories. Si on voulait représenter ces catégories sur un plan ou dans l'espace, sans doute faudrait-il imaginer un système de planètes gravitant les unes autour des autres, isolées, autonomes, obéissant à leur logique propre, mais toutes en interdépendance les unes avec les autres.

Les premiers acteurs du baccalauréat sont **les candidats**. Une trentaine en 1809, ils sont depuis quelques années plusieurs centaines de milliers à chaque session. Les générations passent, le baccalauréat se transforme, les candidats se multiplient, mais conservent leurs caractéristiques. Si du moins on les interroge sur deux points, leur état d'esprit par rapport à l'examen, et leur perception du baccalauréat en général.

Par rapport à l'examen, ils subissent, arrivés en première ou en terminale, la pression de leur environnement. Depuis qu'ils sont entrés en sixième, les élèves entendent parler du baccalauréat, par leurs parents ou par leurs professeurs, le baccalauréat apparaissant comme un Himalaya posé au bout du parcours des études secondaires. Un vrai obstacle à franchir, difficile. Du coup, soumis à cette pression, beaucoup des candidats sont stressés, inquiets, redoutent l'épreuve, manquent de confiance en eux. Sentiments qui continuent d'être partagés par nombre de candidats, alors que vient d'être mise en œuvre une nouvelle formule du baccalauréat, avec une bonne dose de contrôle continu, représentant 40 % de la note à l'examen. C'est-à-dire qu'à un élève qui aurait eu 12 sur 20 de moyenne à son contrôle continu, il suffirait de 8,6 de moyenne à ses épreuves terminales pour obtenir le baccalauréat. Par les temps qui courent, ce n'est pas insurmontable. Mais l'examen continue d'avoir une image de difficulté – qui fait son prix et situe les candidats au baccalauréat dans une catégorie à part, ceux qui sont en première ligne, exposés à une vraie épreuve. Pour ces élèves, l'année de terminale est placée sous le signe de la préparation au baccalauréat, tampon qu'il est indispensable d'obtenir.

Les candidats de 2021 semblent avoir de l'examen une vision lucide – qui était déjà partagée par nombre de leurs prédécesseurs. Ils sont conscients que le baccalauréat, en soi, ne représente pas un titre bien monnayable, et que le diplôme n'est qu'un passeport pour l'enseignement supérieur, à charge pour eux de faire les bons choix d'orientation – ce dont ils ne se sentent pas toujours capables, s'estimant mal informés aussi bien sur les filières de formation que sur la réalité de leurs débouchés professionnels. Les élèves sont évidemment perméables au discours ambiant, entendu chez eux, relayé par la presse, parfois véhiculé par les professeurs : autrefois c'était mieux, le bac d'aujourd'hui ne vaut plus grand-chose, en tout cas il ne prépare pas bien à la réalité du monde des études supérieures. Lentement s'insinue l'idée que, peu à peu, le baccalauréat est en train de prendre la place jadis occupée par le brevet (des collèges).

Ces visions de l'examen sont naturellement à nuancer selon les origines des candidats. Les jeunes gens qui sont les premiers de leur famille à se présenter au baccalauréat accordant au diplôme une valeur bien supérieure à celle que lui reconnaissent les candidats déjà fils, petits-fils, frères ou sœurs de bacheliers. Les uns tiennent véritablement le baccalauréat pour un signe de reconnaissance sociale – presque une fin en soi –, les autres ont bien conscience que le baccalauréat, tout seul, s'il est indispensable, vital, ne vaut pas grand-chose.

Chaque année, les candidats ont leur lot de « **phénomènes** ». Des gens totalement en dehors des clous, essentiellement en raison de leur âge, de leurs capacités intellectuelles, de leurs résultats. Autorités académiques et médias aiment les mettre en avant : ils appartiennent à la mythologie du baccalauréat. Régulièrement, on entend parler de candidats exceptionnellement jeunes, qui ont dû demander des dispenses pour se présenter avant l'âge fatidique de seize ans, arrêté en 1808 et jamais tellement modifié depuis comme étant l'âge minimum pour passer l'examen. Depuis la fin du XIXe siècle, des dispenses sont accordées, et périodiquement on entend parler de candidats pour ainsi dire encore au berceau, lauréats à quatorze ans, treize ans, douze ans. La palme est actuellement disputée entre candidats âgés de onze ans : elle a été détenue en 1989 par un jeune garçon âgé de onze ans et onze mois, puis portée en 2018 par une jeune fille de onze ans et dix mois ; elle semble appartenir à un garçon de onze ans, sept mois et une vingtaine de jours, candidat au baccalauréat 2019, scolarisé dans l'académie de Versailles.

À l'extrême opposé, le candidat le plus âgé en 2019 avait soixante-dix-sept ans, bien loin de contester le record du doyen de l'histoire du baccalauréat, qui avait passé les épreuves trois fois, en 2013, 2014, et 2015, aux âges de quatre-vingt-onze, quatre-vingt-douze puis quatre-vingt-treize ans…

Chaque année, des lycéens affolent les compteurs en décrochant leur bac avec une moyenne supérieure à 20 sur 20. Résultat spectaculaire permis par des notes exceptionnellement bonnes – en général 19 ou 20 sur 20 dans toutes les matières –, et par des collections d'options – latin, chinois, section européenne, etc. – dont les notes ne sont prises en compte que si elles sont supérieures à la moyenne, longtemps affectées de coefficients, 2 ou 3, qui avantageaient considérablement les élèves. Ces options à coefficient expliquent ces dernières années la multiplication – l'explosion – du nombre des mentions « très bien ».

Les records de notes étant détenus ces dernières années par des candidates parvenues à des moyennes supérieures à 21 sur 20, ce qui semble inimaginable.

Depuis 2013, les meilleures bachelières ont été Caroline (bac S, Pas-de-Calais, en 2013, avec 21,18 de moyenne), Myriam (bac S, Aisne, en 2014, avec une moyenne de 21,03), Marine (bac S, Moselle, en 2015, avec une moyenne de 21,05), Émilie (bac L, Haute-Loire, en 2016, avec une moyenne de 21,22), Chloé (bac S, Réunion, en 2017, avec une moyenne de 21,28), Lisa (bac S, Réunion, 2018, avec une moyenne de 21,33). Le record absolu semble détenu par Arthur, lauréat en 2018, avec 21,38 de moyenne.

Les options facultatives ayant changé de régime, ces performances extraordinaires sont désormais impossibles.

Le code de l'éducation prévoit que les candidats aux examens de l'enseignement scolaire **présentant un handicap** peuvent bénéficier de certains aménagements d'épreuves. Chaque recteur concerné met en œuvre ces dispositions pour les épreuves du baccalauréat.

Une fois leur bac en poche, les candidats se transforment en une nouvelle catégorie du petit monde du baccalauréat : **les anciens candidats**. Ceux-là entretiennent l'image, la mémoire (« de mon temps… »), et la valeur du diplôme. Qu'ils aient réussi ou échoué, ils participent à perpétuer cette idée que les bacheliers constituent une catégorie privilégiée de la société – un club, une caste –, même si, année après année, les privilèges accordés par le diplôme sont étendus à l'ensemble de la population, perdant de ce fait de leur valeur et de leur sens.

Au nombre des figures imposées à la presse pour évoquer le baccalauréat il y a l'interview de personnalités, aujourd'hui célèbres, pour recueillir leurs souvenirs de baccalauréat. La plupart des personnages connus dans la France contemporaine ont eu l'occasion, ici ou là, de se prêter à cet exercice. L'Institut national de l'audiovisuel (INA) conserve leurs enregistrements.

Edgar Morin évoque par exemple les rêves qui l'assaillaient au moment de l'examen : « Quand on rêve qu'on rate le bac, c'est qu'en général on l'a réussi. » Christian Lacroix se souvient de sa tenue – pantalon en velours vert amande, ceinturon, chemise en madras, mocassins –, et de la tenue de sa voisine, habillée en Courrèges, figure emblématique de la ville, dont il était un peu amoureux. Du baccalauréat, dont elle n'a eu que la première partie, grâce au français, Agnès b., qui n'était pas à son aise avec ce type de sélection, tire ce conseil, universel : « Il faut travailler, faire les choses. Et aussi trouver sa voie, ce qui est le plus important. Et là se donner... » Françoise Sagan confie que, au moment où elle l'a passé, l'examen a été important pour elle : « On travaille onze ans de sa vie pour arriver au bac. Alors, quand le jour arrive, on se réveille et on y va en tremblant. » Et quand elle a appris sa réussite, elle « est rentrée triomphante » chez elle. Etc. Un florilège et un film documentaire seraient probablement à composer avec ces souvenirs.

Autre corporation qui participe, parfois malgré elle, au baccalauréat : **les parents de candidats**. Car le baccalauréat est souvent une affaire si importante, si prenante, si stressante que le candidat en fait généreusement profiter son environnement, en premier lieu sa famille, ses parents. D'autant que beaucoup d'élèves sont candidats au baccalauréat pour suivre les conseils de leurs parents, et beaucoup se fixent l'objectif, en s'engageant dans cet examen, de prouver leurs capacités à leurs parents. Qui, du coup, eux aussi, se mettent quelques mois au rythme de l'examen, inquiets pour la réussite de leur progéniture. Avant les examens, ils ont eux aussi les nerfs en pelote, le sommeil difficile, des crampes à l'estomac. L'attente des résultats leur est pénible. Et les résultats de l'examen, quand ils finissent par arriver, sont un peu les leurs : une réussite brillante, une mention fait leur joie, un échec les attriste, vient blesser la fierté familiale, des années d'investissement affectif. Le bac fait plaisir à tout le monde, et d'abord à ceux – les parents – qui, par la force des choses, ont été étroitement associés à sa préparation. Pour fêter le succès, certains parents – tout dépend des usages familiaux – réservent une table au restaurant, d'autres ont mis du champagne au frais, ou s'engagent, pour prouver leur joie, à « payer le permis » à l'heureux lauréat. Manière de dire, sans l'avouer aussi nettement, que le baccalauréat a précisément pour effet l'envol des jeunes gens et leur départ de la maison.

Les parents sont également associés à l'organisation du baccalauréat par l'intermédiaire des « associations de parents d'élèves », puissantes, organisées, revendicatives, membres à part entière, estiment-elles, de la « communauté éducative ».

Les enseignants constituent une catégorie vitale. Pour l'école, pour les élèves, pour le baccalauréat. Pour le pays. Sans enseignants, pas d'enseignement, pas de diplômes – et pas de diplômés. Chaque jour, il faudrait rendre grâce et justice à cette profession. C'est l'inverse qui se produit. Les professeurs étant souvent ramenés à leurs travers : avoir pour unique sujet de conversation leur travail, leur avancement, leur carrière, leur retraite ; leur habitude de ne fréquenter que des professeurs ; l'emprise des syndicats sur la profession et l'abondance des grèves ; l'indocilité, la résistance, le corporatisme systématiquement opposés aux projets de réformes de l'enseignement – ou du baccalauréat.

Interrogés sur leur vision de leur métier et du baccalauréat, les professeurs expriment des sentiments partagés. La très grande majorité se distingue d'abord par sa motivation, son enthousiasme : la plupart sont animés de cette « flamme immortelle » que le romancier anglais H. G. Wells décrit dans son roman éponyme, dédié à tous les éducateurs, à la gloire de « l'instruction, source de liberté et de bonheur ». Ils croient en leur mission, sont dévoués, aiment leurs élèves et en sont appréciés. Les professeurs ont également le sentiment d'être écrasés, débordés par les tâches que la société leur a désormais confiées, en même temps qu'ils ne se sentent pas toujours épaulés par la société.

Quant au baccalauréat, les professeurs le placent en ligne de mire de leur enseignement, pour ainsi dire depuis la classe de sixième. En première ou en terminale, l'examen étant la principale préoccupation des élèves, elle devient le leur, l'épine dorsale de leur activité professorale – au risque, regrettent-ils parfois, d'encourager le bachotage, et de sacrifier un enseignement désintéressé tourné vers la culture et la formation de l'esprit, une meilleure préparation à l'enseignement supérieur.

Les dessinateurs Pica et Erroc ont connu un certain succès avec leur série *Les Profs*, d'abord publiée dans *Le Journal de Mickey*, puis en albums. Pendant une vingtaine d'années, de 2000 à 2018, ils ont évoqué le quotidien des enseignants d'un lycée difficile, leurs soucis, leurs états d'âme, pour en offrir finalement, malgré leurs travers, une image positive et sympathique. Leurs séries ont fait l'objet d'adaptations cinématographiques.

Une des petites aventures de cette série montre Amina, jeune professeur de français connue pour ses tenues séduisantes, exposer le programme de travail à ses élèves de terminale :

« Je suppose que vous savez qu'à la fin de cette année vous passez votre bac… Et qu'il faut dès maintenant vous y préparer !

« Cette année, le bac a été un peu simplifié : pour chaque matière, vous n'aurez que trois questions… et en plus, vous les connaîtrez à l'avance !

« Je vais donc vous donner les sujets du bac de français… Première question, grammaire : dans la phrase "je mange", où se trouve le sujet ?

« Deuxième question, orthographe : comment s'écrit le prénom Bob ?

« Troisième question, littérature : dans les aventures de Mickey, son copain s'appelle a/ Jean-Claude ? b/ Wladimir ? c/ Dingo ?

« Voilà ! J'ajoute que si le jour de l'épreuve vous bloquez sur une question, vous pourrez passer un coup de téléphone à un ami...

« Il ne vous reste plus que huit mois. Alors commencez tout de suite à réviser ! Bonne journée ! »

La dernière vignette montre un bureau ministériel. « Alors, messieurs, demande le ministre à ses conseillers, que pensez-vous de mon idée ? Avec cette réforme on peut espérer un taux de réussite au bac de 98 %, non ? — Euh, monsieur le ministre, conseillent les collaborateurs, vous devriez prendre cinq ou six mois de vacances... »

Dans le processus du baccalauréat, certains professeurs ont un rôle particulier : **les fabricants de sujets**. À dire vrai, ce ne sont pas des professeurs à titre individuel qui définissent les sujets du bac, mais plutôt des commissions, tout de même composées de professeurs. Ces commissions ne travaillant d'ailleurs que par délégation du ministre, puisque, selon un décret de 1993 : « Les sujets des épreuves écrites sont choisis par le ministre ou, sur délégation de celui-ci, en tout ou partie par les recteurs [d'académie]. »

Pratiquement, pour les sujets posés au mois de juin, les commissions chargées de les définir commencent à travailler en mai-juin de l'année précédente. Le ministère décide, selon des critères précis, que telle académie conçoit le sujet de telle discipline pour telle série, par exemple le sujet de physique-chimie du baccalauréat général. Les commissions « de pilotage des sujets » sont composées d'un professeur des universités (le baccalauréat étant le premier grade de l'université), d'un inspecteur pédagogique régional d'académie, et d'une équipe de professeurs de lycée, en général entre 20 et 30. Pour être choisis, les professeurs doivent enseigner la discipline en question l'année de l'élaboration du sujet et avoir une certaine ancienneté.

De juin à septembre, les professeurs font des propositions de sujets à la commission, qui les examine, et en choisit un certain nombre. Chaque commission élabore plusieurs sujets, un pour juin, un pour septembre, un sujet de secours, pour la métropole et pour l'outre-mer. Elle remet ces sujets au recteur entre septembre et décembre, avec des instructions pour la correction.

À partir de décembre, les sujets sont testés par des professeurs extérieurs à la commission – des « cobayes ». Ils sont appelés à composer dans des conditions proches de celles de l'examen. Cette étape de l'élaboration des sujets est le « cobayage ». Ils remettent une copie, avec des commentaires sur la faisabilité du sujet par un candidat ayant le « niveau attendu », son intérêt au regard du programme ; ils s'assurent que le sujet ne pose pas de problèmes particuliers – qu'il ne heurte pas, par exemple, la sensibilité de certains candidats –, qu'il n'a pas été posé au cours des cinq dernières années, etc.

Parallèlement, le sujet est vérifié par un inspecteur général de la discipline, qui effectue un contrôle de conformité au programme, aux instructions pédagogiques, à la réglementation de l'examen.

En janvier, le sujet revient devant la commission qui l'a créé. Elle le modifie – ou non – en fonction des remarques qui lui ont été faites. Si le sujet est modifié, il est testé une nouvelle fois, par une nouvelle équipe de « cobayes », contrôlé de nouveau par un inspecteur général. Pour être accepté, le sujet doit être validé par tous, président de la commission, cobayes, inspecteur général. S'il reçoit tous ces avals, il est transmis au recteur, au plus tard en mars.

Parmi les sujets élaborés, le recteur choisit celui ou ceux dont il a besoin, et les affecte en métropole ou outre-mer. Le sujet est imprimé, en général par l'Imprimerie nationale, ou par un imprimeur privé, agréé, après que le « bon à tirer » a été donné par le président de la commission, non sans qu'un membre de la commission et une autre personne ne faisant pas partie de la commission aient une dernière fois relu le sujet. Imprimés, sous pli, les sujets sont ensuite stockés dans des locaux sécurisés et surveillés.

Toutes les étapes de l'élaboration des sujets sont entourées de la plus extrême confidentialité : les membres de la commission s'engagent sur l'honneur à ne rien divulguer à l'extérieur ; ils jurent n'avoir aucun membre de la famille, aucun proche, candidat cette année-là au baccalauréat. Les plus grandes précautions et les meilleures mesures de sécurité sont prises, même si chaque sujet est doublé par un sujet « de secours », précisément prévu pour les cas malheureux où le sujet principal ne pourrait pas être utilisé. Le *Bulletin officiel* de l'Éducation nationale fait ces recommandations :

« Les académies conceptrices transmettent les sujets et leur matière d'œuvre aux académies destinataires, accompagnés de leurs corrigés et, le cas échéant, de leurs barèmes, sous forme dématérialisée et sécurisée par une application informatique nationale dédiée à cet effet et selon les modalités fixées, chaque année, par la direction générale de l'enseignement scolaire.

« Seuls les sujets qui ne peuvent être envoyés sous forme numérique sans perte de qualité sont expédiés par courrier, selon les règles de sécurité suivantes :

— en plusieurs envois successifs ;

— envoi des sujets de la session de remplacement après la session normale ;

— séparation, autant que possible, des sujets principaux et de secours ;

— indication claire de la destination des sujets sur les bordereaux d'envoi. »

En juin, quelques jours avant les épreuves, les sujets sont acheminés, en carton, vers les 4 500 centres d'examen, en général des lycées, où ils sont conservés par les proviseurs, dans leur coffre-fort, jusqu'au jour dit.

Le jour de l'épreuve, les paquets contenant les sujets doivent être ouverts devant les candidats, rituel censé montrer aux candidats qu'ils sont égaux et qu'aucun d'eux n'a pu en avoir connaissance au préalable.

La procédure, au total, a duré treize mois, à peu près le temps de la gestation d'un chameau – ou d'une baleine bleue.

À ces longues semaines d'élaboration des sujets il faut encore ajouter un délai pour leur traduction en écriture braille, à l'intention des non-voyants. Pour ceux-là, les graphiques, s'il y en a, seront figurés en relief. Puis les candidats, qui disposeront d'un tiers-temps supplémentaire, composeront sur un ordinateur – vidé de sa mémoire –, et seront aidés d'un « secrétaire », élève volontaire d'une classe inférieure à la terminale, qui viendra retranscrire sur une copie anonyme le texte élaboré par le candidat sur son ordinateur. Les candidats non-voyants tiennent à cette copie manuscrite, pareille aux autres. Ils ne veulent pas remettre une copie imprimée à l'ordinateur, par crainte d'être surnotés en raison de leur handicap, et d'ainsi se voir décerner un bac au rabais. Les copies des jeunes aveugles seront mélangées aux autres, et expédiées chez les correcteurs qui, ainsi, ne sauront rien de leur handicap.

Les surveillants sont un maillon indispensable au bon déroulement du baccalauréat. Ils peuvent être des enseignants, mais pas toujours. Ils vérifient l'identité des candidats présents – qu'ils font émarger – et mentionnent au procès-verbal les absents. Ils distribuent papier d'examen et feuilles de brouillon, ramassent les copies en fin d'épreuve. Ils concourent, également, à la distribution des sujets sous l'autorité du chef de centre.

Ils veillent, enfin, au respect attentif par les candidats des instructions nationales qui préviennent les fraudes.

Pour faire fonctionner le baccalauréat, il fallait aux dernières nouvelles 120 000 professeurs – 130 000 ? – pour corriger les copies et interroger les candidats à l'oral. Une armée. Sans doute ce chiffre devrait-il baisser avec la dernière réforme du baccalauréat, entrant en vigueur en 2021-2022.

Les examens écrits terminés, avant de distribuer toutes les copies aux **correcteurs**, des copies « tests », tirées au hasard, sont corrigées avant les autres. Cela afin de vérifier qu'aucune erreur de barème ne s'est glissée dans le sujet (question mal notée), que tous les exercices demandés étaient corrects (une consigne peut parfois comporter une coquille). En cas – très rare – de souci, une commission d'entente peut décider de modifier le barème initial, voire de neutraliser un exercice.

Ces précautions prises, des lots de copies à corriger sont affectés à des professeurs-correcteurs. En général, les copies de candidats venant de différents établissements sont mélangées. De plus, les copies sont anonymes, ce qui évite à un professeur d'avoir à corriger la copie d'un élève qu'il connaîtrait. Un professeur corrige entre une cinquantaine et une centaine de copies. Cette tâche – comme celle d'examiner des candidats à l'oral – est rémunérée en plus de son salaire. Les correcteurs ont entre deux et trois semaines pour accomplir cette besogne – avec les nouvelles dispositions du baccalauréat, ces indications pourront évoluer.

Les notations sont relativement harmonisées, dans la mesure où, après quelques copies corrigées, les correcteurs sont invités à se rapprocher les uns des autres, afin de se mettre d'accord sur ce qu'ils attendent d'un élève moyen, celui auquel on mettrait 10 sur 20, puis de raisonner en termes de bonus-malus, en spécifiant les éléments susceptibles d'apporter ou d'ôter des points. Les professeurs apprécient généralement cette occasion de rencontrer leurs collègues de la même matière, et, dans le cadre d'une commission d'entente ou d'une commission d'harmonisation, de pouvoir confronter ainsi expériences et vues pédagogiques.

L'ensemble de leurs copies corrigées, les correcteurs se réunissent en jury pour délibérer, c'est-à-dire examiner le cas des différents candidats, en particulier le cas des candidats légèrement en dessous du seuil de la réussite ou d'une mention. Est-il possible d'ajouter un point à une copie pour le faire changer de catégorie ? Ces délibérations sont l'occasion de s'assurer qu'il n'y a pas d'anomalies, par exemple des candidats qui se retrouveraient avec des notes en complet décalage avec les notes de leur bulletin scolaire, ce qui pourrait résulter d'une erreur dans la saisie de la note. Des cas de triche peuvent apparaître à cette occasion, quand des candidats, régulièrement très mauvais dans une matière – selon leur bulletin scolaire –, se retrouvent avec une note excellente à l'examen…

Dans les trois jours qui suivent la publication des résultats, les candidats peuvent consulter l'original de leurs copies dans le centre d'examen. Cela dans le cas où ils seraient surpris par une note, ou auraient repéré une erreur dans le comptage des points. Dans ce cas, si effectivement il y a eu une erreur matérielle, la demande est prise en compte, le résultat rectifié par le rectorat. En dehors de ces erreurs matérielles, il est impossible de contester une note, les jurys, de toute éternité, étant souverains.

Les copies sont conservées un an dans les services de l'académie. Pendant cette période, les candidats peuvent en obtenir communication. Au-delà d'une année, les meilleures copies sont conservées, ainsi qu'un échantillon représentatif de l'ensemble, destiné aux archives et aux historiens. En notant que jusqu'à ce jour très peu d'historiens de l'éducation et du baccalauréat ont travaillé à partir des copies des candidats ; il n'est jamais trop tard. Les autres copies sont détruites.

Les mêmes professeurs – ou d'autres – qui corrigent les copies des épreuves écrites peuvent interroger également les candidats à l'oral. Ils se transforment alors en **examinateurs**. En 1954, dans un ouvrage à l'intention des candidats, *Le Succès aux examens du baccalauréat*, dûment préfacé par le spécialiste incontesté de l'examen, Jean-Benoît Piobetta, Paul Roume, agrégé de l'université, inspecteur d'académie honoraire, donnait des conseils pour se comporter à l'oral, et d'abord des informations sur cette espèce humaine méconnue – et potentiellement inquiétante –, le professeur chargé d'examiner le candidat à l'oral : « Les examinateurs sont des gens susceptibles et ils aiment à juste titre qu'on ait l'air de traiter avec respect et sérieux leurs personnes et l'examen lui-même. » Pourquoi ces informations auraient-elles changé ?

À toutes ces corporations s'ajoute **l'administration**, à tous les niveaux, qui veille au bon fonctionnement de la machine. Le baccalauréat mobilise les services du ministère de l'Éducation, dont une des raisons d'être est le baccalauréat, son organisation, son contenu, son avenir – tâche toujours renouvelée. Les rectorats sont également mis à contribution : des services entiers y sont occupés par l'examen, et pas seulement par la conception et la fabrication des sujets. Pour leur part, les services départementaux des inspections académiques ne ménagent pas leur peine pour que le baccalauréat se déroule bien. En Île-de-France, plusieurs académies se sont regroupées pour créer le SIEC (service interacadémique des examens et concours), avec délégation de compétence pour organiser les examens. Les proviseurs de lycées et leurs équipes passent une bonne partie de leur temps à se mobiliser pour l'organisation et le bon déroulement du bac ; étant responsables des lieux où se déroule l'examen, ils ont même un rôle essentiel. Tout cela représente une énergie, un savoir-faire, une application, une intelligence considérables – et de l'argent.

La liste des acteurs du baccalauréat serait incomplète sans citer **les syndicats**. Une quinzaine ou une vingtaine d'organisations syndicales, qui représentent enseignants, directeurs d'établissement, inspecteurs d'académie, personnel non enseignant, etc., constituent l'épine dorsale de l'administration de l'Éducation nationale et son 1,2 million de salariés. Une force incontournable.

Dans son livre admirablement documenté *Le baccalauréat n'aura pas lieu*, Guy Bourgeois met en scène deux conseillers du ministre qui commentent les menaces que le Snes, syndicat majoritaire dans les lycées, fait peser sur le bac, ayant refusé les aménagements proposés par l'Administration pour tenter de résoudre la crise :

« — Croyez-vous que le Snes peut aller jusqu'à la grève du bac ?

— Ils voient bien l'effet négatif que cela produirait dans l'opinion sur l'image des enseignants, mais les communistes qui dirigent le Snes ne se soucient pas en priorité de l'image de marque des enseignants !

— Laissez courir cette légende et ne réduisez pas le Snes au petit groupe de communistes de sa direction. Ce sont de vrais professionnels. Aujourd'hui, ils agitent la menace, mais ils savent jusqu'où ils peuvent aller trop loin sans se couper de leur base. Ils ont parfaitement senti que la défense du bac est un thème mobilisateur. Ils vont se livrer à une surenchère avec les autres organisations syndicales. »

Un livre entier, insoupçonné, passionnant, serait à écrire sur ce chapitre.

Une usine à bac

Les obligations de l'Administration, quand elle organise le baccalauréat, sont méticuleusement prévues par le *Bulletin officiel* de l'Éducation nationale, concernant « préparation, déroulement et suivi des épreuves ». Tout y est. Tout le monde a accès à ces obligations : c'est considérable. L'entreprise est titanesque. C'est « l'entreprise baccalauréat ».

L'historien Antoine Prost a parfaitement raison de faire observer que cette « entreprise » accomplit de la bonne besogne : « Que le baccalauréat se passe chaque année sans accroc grave, alors même que les séries, et par suite les épreuves, se sont multipliées et complexifiées, tient du prodige. Et l'on ne peut qu'admirer une administration capable de renouveler chaque année cette prouesse. » Un vrai miracle se produit chaque année : ce n'est pas réfutable.

Combien tout cela coûte-t-il ? Les chiffres sont imprécis. En 1994, la Cour des comptes avait essayé de savoir. Elle avait dénoncé « l'examen le plus compliqué du monde », au « pilotage aveugle », au « coût exorbitant », et stigmatisé la fantaisie des chiffres avancés par l'Éducation nationale. Pour elle, le coût réel du baccalauréat était 5 à 7 fois plus élevé que ce qu'indiquait le ministère. L'Éducation nationale avançait à l'époque le chiffre de 200 millions de francs (30 millions d'euros) ; la Cour des comptes avait situé les dépenses réelles liées à l'organisation du baccalauréat dans une fourchette entre 1 et 1,4 milliard de francs (entre 150 et 213 millions d'euros).

De son côté, la commission d'audit de modernisation de l'État, composée par les inspections générales des Finances et de l'Éducation nationale, était parvenue, en 2006, à des coefficients comparables, entre 5 et 7, à appliquer aux chiffres avancés par l'Éducation nationale pour savoir ce que coûtait vraiment le baccalauréat, l'Administration ne prenant pas en compte les rémunérations de l'ensemble du personnel ni les charges liées à l'utilisation des locaux.

Les coûts avancés par l'Éducation nationale sont déjà considérables. Ils correspondent aux 740 584 candidats qui se sont présentés (chiffres pour 2020), 53,9 % dans les séries générales, 21 % dans les séries technologiques, 25,1 % dans la voie professionnelle. Ces candidats sont à convoquer et accueillir. Il faut leur préparer 4 000 sujets – dont 60 % de sujets de secours, destinés à ne servir qu'en cas de fuite ; ces sujets sont détruits d'une année sur l'autre, alors que, dans tous les cas où il n'y a pas de changement de programme, ils pourraient fort bien être réutilisés. Il faut organiser leur examen dans 73 épreuves facultatives, dont 46 langues vivantes étrangères et 11 langues régionales – dont certaines sont présentées par très peu de candidats. 4 millions de copies sont à corriger. 120 000 ou 130 000 enseignants sont mobilisés à cette fin. 4 200 centres d'examens sont à ouvrir, y compris dans 71 pays étrangers. La tâche est effectivement considérable.

Selon les chiffres officiels – donc largement minorés –, un candidat au bac général coûterait 55 euros, un candidat au bac professionnel 61 euros, et un candidat au bac technologique 71 euros. Chaque année, en appliquant à ces chiffres le coefficient de 5 ou de 7 préconisé par la Cour des comptes ou par la commission d'audit de modernisation de l'État, le baccalauréat coûte donc entre 200 et 300 millions d'euros.

On a estimé que la seule conception des sujets équivaut à 500 emplois à plein temps, les effectifs d'une jolie PME…

Sans parler de la désorganisation dans l'ensemble du système éducatif causé par l'organisation du bac (annulation des cours pour permettre l'organisation des épreuves).

Très lourd à organiser, le bac coûte cher. Un des objets de sa dernière réforme est du reste d'en diminuer la facture.

III

Le baccalauréat aujourd'hui

Évolution depuis 1945

Le grand livre des baccalauréats

Massification du baccalauréat

Pendant tout le XIXe siècle, le nombre des bacheliers a schématiquement représenté 1 % d'une tranche d'âge. Ce taux a légèrement monté dans la première moitié du XXe siècle, pour se situer entre 2 et 3 % à la veille de la Seconde Guerre mondiale. Il s'est ensuite brutalement élevé, dans les années 1950, 1960 et 1970 – pour ainsi dire avec la Ve République, qui a fait voler en éclats la logique malthusienne et sélective qui prévalait avant elle. Pendant ces années, on assiste à une triple explosion, du nombre des candidats au baccalauréat, du pourcentage des reçus à l'examen, et de la fraction d'une tranche d'âge qui arrive au bac.

Quelques chiffres : les nouveaux bacheliers ont été 150 000 en 1970, 215 000 en 1980, 305 000 en 1990, 440 000 en 2000, 530 000 en 2010, 713 000 en 2020. Cent ans plus tôt, en 1920, ils étaient 10 000 ; ils étaient 11 800 en 1930 et 27 700 en 1940. Le système a produit pour la seule année 2020 autant de bacheliers que de 1808 à 1940 !

Les taux de réussite à l'examen du baccalauréat n'ont cessé de croître pendant cette période : 61 % en 1970, 63 % en 1980, 72 % en 1990, 78 % en 2000, 87 % en 2010, 88,6 % en 2019, 95,7 % en 2020.

Quant au taux de bacheliers dans une génération, de 20 % en 1970, il s'est élevé sans cesse : 26 % en 1980, 43 % en 1990, 63 % en 2000, 66 % en 2010, 77 % en 2015, 86,6 % en 2020 (en augmentation de 6,9 points par rapport à 2019).

Comment en est-on arrivé là ?

Le changement d'échelle du baccalauréat – qui transforme la nature de l'épreuve – correspond à une période de profonde transformation de la société, marquée par la forte croissance économique des Trente Glorieuses, le développement de la société de consommation, l'impact massif de la mondialisation, en particulier de la culture. La vague démographique, qui caractérise la seconde moitié du XXe siècle, a déferlé sur le vieil examen – et sur le système scolaire – comme elle a submergé des compartiments entiers de la vie en société (problèmes de logement, d'urbanisme, d'emploi, de transports, de santé publique, etc.). Réunis, essor démographique et transformations sociales ont abouti, de la part du plus grand nombre, à une demande de formation nouvelle, plus large, expression d'aspirations sociales inédites.

Ces changements ont été encouragés et permis par la mise en œuvre de ce qu'on a appelé le « plan

Langevin-Wallon », de 1947. Il s'agit d'un projet global de réforme de l'enseignement et du système éducatif français élaboré à la Libération conformément au programme de gouvernement du Conseil national de la Résistance (CNR). Le texte de ce rapport a été récemment réédité (Mille et Une Nuits, 2002). La commission chargée de ce projet a tour à tour été présidée par deux intellectuels communistes, le physicien Paul Langevin (1872-1946) et Henri Wallon (1879-1962), médecin et psychologue. Leur projet ? Doter la France d'un grand système éducatif démocratique, auquel serait assigné un but nouveau : supprimer les inégalités sociales par la création d'une école unique. « L'autonomie relative des différents enseignements : primaire, secondaire, technique, et les compétitions que cette autonomie relative pouvait engendrer à l'intérieur du système scolaire ont paru inconciliables avec l'unité culturelle du pays. » Une intention farouchement jacobine, pour ne pas écrire stalinienne, qui sera concrétisée par la disparition définitive de l'enseignement primaire supérieur en 1959, année du passage de la scolarité obligatoire de quatorze à seize ans, et en 1975 par la réforme Haby et l'instauration d'un « collège unique » supprimant les filières. « Tous les enfants reçoivent dans les collèges une formation secondaire. Celle-ci succède sans discontinuité à la formation primaire en vue de donner aux élèves une culture accordée à la société de leur temps. Elle repose sur un équilibre des disciplines intellectuelles, artistiques, manuelles, physiques et sportives et permet de révéler les aptitudes et les goûts. Elle constitue le support de formations générales ou professionnelles ultérieures, que celles-ci la suivent immédiatement ou qu'elles soient données dans le cadre de l'éducation permanente. Les collèges dispensent un enseignement commun, réparti sur quatre niveaux successifs. [...] La formation secondaire peut être prolongée dans les lycées en associant, dans tous les types d'enseignement, une formation générale et une formation spécialisée » (articles 4 et 5 de la loi du 11 juillet 1975 relative à l'éducation, dite loi Haby).

Le maître mot du rapport Langevin-Wallon, déjà apparu avant guerre, est « démocratisation ». Il faut que tout le monde ait accès à l'enseignement secondaire, parvienne au baccalauréat, et décroche le diplôme. La méritocratie - appelée « élitisme républicain » - mise en place par la IIIe République, qui avait été à la base du système éducatif, une des conditions de son succès, cette méritocratie se trouvait évacuée. Tous les collégiens doivent étudier dans les mêmes classes, recevoir la même éducation, délivrée par les mêmes enseignants, et sont présumés se situer tous au même niveau. Les mots « élitisme » – fût-il républicain –, « sélection » – y compris pour orienter convenablement un élève dans le sens de ses intérêts et dans celui de la collectivité –, « différenciation », « compétition », « émulation » sont bannis du vocabulaire pédagogique. Cette vision va imprégner la formation et la culture enseignante pendant les dernières décennies du XXe siècle, et aboutir à cette formule qui aurait pu être un slogan : « le bac pour tous », reconnaissant *de facto* un « droit au bac ».

Il est certain que, conjuguée à une forte croissance économique et à des transformations en profondeur de la société, cette philosophie de l'éducation va créer un appel d'air en faveur de l'éducation, d'abord secondaire, puis supérieure. Et poser aux gouvernements successifs, et à la société, des problèmes insolubles.

De la fin des années 1950 au milieu des années 1970, le nombre des collégiens passe de 1 à 3 millions. Tout au long des années 1960, il y avait tant de jeunes à scolariser qu'en France on ouvrait un collège par jour ouvré ! Le nombre des candidats au baccalauréat se développait à la mesure : en 1965, il augmente par exemple de 18 %, en 1966 de 38 %...

Dans les années 1980, la démocratisation du bac se poursuit avec la création, en 1985, des séries professionnelles. Alors que seulement un jeune sur trois décrochait le baccalauréat, Jean-Pierre Chevènement, ministre de l'Éducation nationale, fixe l'objectif historique (accepté par la plus grande partie de la classe politique et de la communauté éducative) déjà mentionné de porter 80 % d'une génération « au niveau du bac » en l'an 2000. Le seuil sera atteint avec un peu de retard, en 2011. Non sans susciter les critiques de ceux qui croient deviner dans l'augmentation du nombre de bacheliers un abaissement de la valeur du diplôme.

La démocratisation va devenir la massification.

Multiplication des filières

Pour faire face à la masse considérable de nouveaux candidats au baccalauréat, qui par la force des choses avaient des histoires variées, des ambitions différentes, et exprimaient des demandes diverses, il a fallu adapter l'examen, le diversifier.

« Le baccalauréat, écrit *Le Figaro* du 2 octobre 1973, est l'hydre de Lerne du XXe siècle. Il y a encore peu d'années, cette bête avait sept têtes. Aujourd'hui, il y a tant de façon d'être bachelier, grâce à un système ubuesque d'options, que l'hydre a des dizaines de têtes et la mythologie comme la raison prouvent que, plus on y touchera, plus il y aura de têtes. »

Les deux phénomènes, démocratisation du baccalauréat et diversification des filières, sont étroitement liés et s'engendrent mutuellement, au risque de provoquer une fuite en avant et d'engendrer un monstre ingérable. La démocratisation fait naître des filières – ou des sections, ou des séries – nouvelles, voire des baccalauréats nouveaux, et la multiplication des catégories de baccalauréat attire des candidats nouveaux. Ce phénomène fonctionne pleinement depuis cinquante ans, et a fait exploser le nombre de bacheliers.

À la fin des années 1960 et au début des années 1970, le bac se structure. Les « deux bacs », celui à la fin de la première et celui à la fin de la terminale, disparaissent en 1963. En 1966 sont décidées les séries A (philosophie, lettres), B (sciences économiques et sociales),

C (mathématiques et physique-chimie), D (mathématiques et sciences naturelles), et T (technique). Les premiers bacs ainsi nommés sont délivrés en 1968, année où sont créées les filières technologie, E (mathématiques et technologie), F (subdivisées d'abord en 10, puis en 13 sous-séries), G (3 sous-séries) et H. En quelques années, le système est passé de 3 baccalauréats (philosophie, sciences expérimentales, mathématiques) à 23 !

En 1969 est instituée l'épreuve anticipée de français à la fin de la première.

Dans les années 1990, sans changer grand-chose à leur contenu, les sections seront renommées : les nouvelles séries du bac général deviendront L (lettres), ES (économique et social), S (sciences) ; les filières technologiques, jusque-là repérées par des lettres de l'alphabet, deviendront STI (sciences et technologies industrielles), STL (sciences et technologies de laboratoire), STT (sciences et technologies tertiaires ; la section deviendra STG, puis STMG), ST2S (sciences et technologie de la santé et du social). Chacune de ces séries, classiques ou technologiques, étant subdivisée en un ensemble de sous-séries. Par exemple, la série L comportait les divisions suivantes : arts (où l'on pouvait choisir arts du cirque, arts plastiques, cinéma-audiovisuel, danse, histoire des arts, musique, théâtre-expression dramaturgique) ; DGEMC (droit et grands enjeux du monde contemporain) ; LCA (langues et cultures de l'Antiquité, avec deux possibilités, grec ancien et latin) ; LVA (langue vivante approfondie) ; LV3 (langue vivante 3) ; mathématiques.

Aujourd'hui, les séries technologiques « rénovées » sont au nombre de huit : sciences et technologies de l'industrie et du développement durable (STI2D), sciences et technologies du design et des arts appliqués (STD2A), sciences et technologies du management et de la gestion (STMG), sciences et technologies de la santé et du social (ST2S), sciences et technologies de laboratoire (STL), sciences et techniques du théâtre, de la musique et de la danse (S2TMD), sous tutelle partagée entre le ministère de l'Éducation nationale et celui de la Culture et de la Communication, sciences et technologies de l'hôtellerie et de la restauration (STHR), sciences et technologies de l'agronomie et du vivant (STAV), dans les lycées d'enseignement général et technologique agricole.

Quant aux baccalauréats professionnels, il en existe 118. Il est impossible de les citer tous, mais du moins faut-il savoir que « transport fluvial » ou « technicien du gaz », « perruquier posticheur », « technicien de scierie », « métiers du pressing et de la blanchisserie », « poissonnier écailleur », « aviation générale », « culture marine », « fonderie », « maintenance nautique », « photographie », « forêt », « optique lunetterie », « prothèse dentaire », « travaux publics », « maintenance des véhicules option motocycles », « boulanger pâtissier », « cinéma audiovisuel », 100 autres, tous les métiers et toutes les spécialités professionnelles du monde contemporain ont désormais leur bac. Diplôme sensiblement différent du baccalauréat général en ce que ces diplômes professionnels, s'ils donnent accès à des BTS, peuvent déboucher directement sur un emploi, y compris dans des secteurs professionnels créateurs d'emplois, où la main-d'œuvre manque. Après Jean-Pierre Chevènement, qui a créé cette nouvelle variété de baccalauréat, conscient d'attirer des jeunes de catégories socioprofessionnelles moins favorisées que dans le passé, la plupart des ministres, à l'image de Xavier Darcos, affichent l'ambition de procurer à la voie professionnelle « une égale dignité par rapport aux voies générale et technologique ».

Pour Claude Lelièvre, historien de l'éducation : « Le baccalauréat est donc finalement une Sainte Trinité (une sorte de mystère) : une divinité unique en trois personnes singulières et inégales. On voit bien quelle est la principale, à savoir les bacs généraux (au point que, parfois, en parlant du "bac", on ne parle en fait que des bacs généraux). Et l'on voit bien quelle est la troisième (à savoir les bacs professionnels), qui n'ont pas été traités en même temps que les deux autres types de bacs dans la prétendue réforme du bac qui vient d'être annoncée. Le "bac" est bien une divinité en trois personnes (une entité aussi célèbre que mystérieuse voire opaque) » (blog EducPros.fr, 16 février 2018).

Foisonnement des matières

Quand le baccalauréat a été créé, les candidats étaient interrogés sur leurs connaissances en grec, latin, rhétorique, histoire et géographie, philosophie. Plus tard, on leur demandera un peu de mathématiques et de physique. Puis la rhétorique se changera en français, les langues vivantes apparaîtront, puis les sciences naturelles. C'est autour de ces différentes matières que, jusque vers les années 1950, s'organise l'examen. Avec une importance plus ou moins grande donnée à telle matière, en nombre d'heures de cours hebdomadaires, en coefficient à l'examen, en fonction des époques et des séries.

Au fil du temps, certaines matières vont se transformer, s'adapter à l'évolution du monde. Certaines appellations vont changer (les « sciences naturelles » vont par exemple devenir « biologie » ou « sciences de la vie et de la Terre »). Des disciplines vont apparaître : éducation physique et sportive, science économique (qui deviendra « économique et sociale »), éducation morale et civique, dessin, arts, musique, enseignement ménager... Récemment ont vu le jour l'enseignement scientifique (intelligence artificielle, bioéthique, grands enjeux environnementaux), l'écologie (« biologie-écologie »), l'informatique (« numérique et sciences informatiques »), les « sciences de l'ingénieur »...

Les langues vivantes n'ont cessé de se multiplier. Jusqu'à 1853, il n'y en avait que deux, l'anglais et l'allemand. En 1881, il a été possible d'ajouter l'italien et l'espagnol, ainsi que l'arabe pour l'académie d'Alger. Le russe et le portugais sont venus s'ajouter en 1927, l'hébreu moderne en 1962. Les langues régionales ont fait leur apparition en 1941, le Corse Jérôme Carcopino – qui n'avait pas compté le corse au nombre de ces dernières –, étant ministre de l'Instruction publique. Les langues vivantes sur lesquelles un candidat peut être interrogé représentent aujourd'hui à peu près toutes les langues du monde, à croire que les candidats au baccalauréat habitent la tour de Babel…

Au titre des épreuves obligatoires de langue vivante 1, les candidats au baccalauréat général peuvent choisir allemand, anglais, arabe, arménien, cambodgien, chinois, danois, espagnol, finnois, grec moderne, hébreu, italien, japonais, néerlandais, norvégien, persan, polonais, portugais, russe, suédois, turc, vietnamien.

Au titre des épreuves obligatoires de langue vivante 2 ou 3, ils peuvent choisir une des langues ci-dessus, mais également une langue régionale, basque, breton, catalan, corse, créole, langues mélanésiennes, occitan-langue d'oc, tahitien.

À ces langues s'en ajoutent d'autres qui ne peuvent être choisies qu'au titre des épreuves facultatives. C'est le cas, à l'oral, du gallo, des langues mélanésiennes, des langues régionales d'Alsace et des pays mosellans. Ou encore, à l'écrit, des langues suivantes : albanais, amharique, bambara, berbère (les candidats doivent choisir entre berbère chleuh, berbère kabyle, berbère rifain), bulgare, coréen, croate, estonien, finnois, haoussa, hindi, hongrois, indonésien-malais, laotien, lituanien, macédonien, malgache, peul, roumain, serbe, slovaque, slovène, swahili, tamoul, tchèque.

Les sections internationales au lycée – il y en a un peu plus de 180 en France – constituent un dispositif bilingue accueillant dans une même section des élèves français et étrangers. Elles existent dans 17 langues vivantes, et, en lycée, ne sont ouvertes que pour la voie générale. Les élèves de terminale qui ont suivi ce cursus peuvent obtenir le bac avec option internationale (O.I.B.).

Au-delà de cet éventail de langues étrangères, le cœur des disciplines, pour le baccalauréat général, reste relativement stable. Dans la dernière formule du baccalauréat, les enseignements communs sont français, philosophie, histoire-géographie, enseignement moral et civique, langues vivantes A et B, éducation physique et sportive, enseignement scientifique (code intelligence artificielle, bioéthique, grands enjeux environnementaux). Autant dire un cœur de matières assez proche de ce qu'on a trouvé au XXe siècle. À une étonnante réserve près, qui est la disparition des mathématiques : de même que, à un moment donné, il a été possible de passer le bac sans latin – ça a été une révolution –, il est désormais possible de le passer sans maths – autre changement majeur, peut-être lourd de conséquences pour l'avenir.

Compte tenu de leur incroyable diversité, les baccalauréats technologiques et professionnels ont fait apparaître aux programmes de lycées un grand nombre de matières insoupçonnées au XIXe siècle, et même inconnues pendant la plus grande partie du siècle suivant.

Par exemple dans le cadre du bac STMG (sciences et technologies du management et de la gestion), en plus des enseignements communs (pareils à ceux du baccalauréat général), les élèves doivent choisir trois spécialités en première et deux spécialités en terminale dans les domaines suivants : droit et économie, management, sciences de gestion et numérique.

Éducation physique et sportive

Premier grade de l'université, examen d'accès à l'enseignement supérieur, le baccalauréat est également une espèce de brevet de bonne santé, physique et intellectuelle. Raison pour laquelle, depuis 1869, l'enseignement de la gymnastique est obligatoire dans les lycées et collèges.

Ce n'est cependant qu'en 1941 (l'ancien champion de tennis Jean Borotra étant commissaire aux Sports) qu'est instaurée une épreuve facultative de sport aux deux parties du baccalauréat. Elle comporte un examen dans cinq disciplines : course, saut, lever, grimper à la corde, nage libre. Le grimper à la corde, exercice banal outre-Rhin, est une nouveauté en France. Ces épreuves s'adressent tant aux jeunes garçons qu'aux jeunes filles, mais sont adaptées en fonction du sexe.

Depuis 1959, l'épreuve d'EPS (éducation physique et sportive) est obligatoire au baccalauréat. Disposition qui n'a pas été adoptée sans mal. Un de ses adversaires, à l'époque, s'était indigné : « Que la bonne note que l'on aura obtenue à une épreuve de course permette au candidat de faire deux ou trois contresens de plus dans sa version ou quelques fautes d'orthographe supplémentaires, cela me paraît une étrange confusion des ordres. » Les journalistes de *Libération* avaient vigoureusement protesté : « Ainsi donc les candidats garçons et filles au baccalauréat "nouvelle manière" devront faire preuve des mêmes aptitudes à la corde à nœuds et à la course à pied que jusqu'ici devant les pièges de la version latine [...]. [Ce] qui nous étonne, c'est qu'un ministre de l'Éducation nationale ait eu le courage absurde de s'atteler à de telles besognes en l'an de disgrâce 1959 [...], à quoi s'amuse-t-il ? À apprendre l'acrobatie aux bacheliers. Il ferait mieux à notre humble avis de s'adonner à la pêche à la ligne ou aux mots croisés. L'université ne s'en porterait pas plus mal » (24 octobre 1959).

À l'origine, l'épreuve d'EPS comporte trois épreuves : athlétisme (saut en hauteur, saut en longueur, course de vitesse, lancer de poids), gymnastique (enchaînement libre au sol et grimper de corde, 6 mètres pour les garçons, 3 mètres pour les filles), natation (parcours de 50 mètres nage libre chronométré). À partir de 1972, les candidats ont à choisir deux épreuves parmi les trois ci-dessus. Dans les années 1990 et 2000, il y avait deux disciplines à choisir, mais parmi trois types d'épreuves différentes, sport individuel, sport de duel (ping-pong, badminton, tennis...), sport d'équipe.

Aujourd'hui, l'épreuve d'EPS se passe en contrôle continu, affectée d'un coefficient 2. Elle se compose de trois épreuves notées lors du dernier cours de chaque trimestre. À partir de ces trois épreuves (relatives à trois sports différents), et donc des trois notes, une moyenne est établie. Les menus des sports sont établis par l'académie d'après une liste nationale de 30 sports. Parfois, une liste académique s'ajoute à la liste nationale et la complète avec des sports régionaux (par exemple la pelote basque dans l'académie de Bordeaux, ou donc le *va'a*, pirogue traditionnelle à Tahiti). Par exemple, en 2021, dans l'académie de Rennes, l'épreuve d'EPS est ainsi organisée : les élèves doivent s'inscrire à l'un des couples d'épreuves suivants : sauvetage/badminton ; gymnastique au sol/badminton ; gymnastique au sol/tennis de table ; demi-fond/badminton ; demi-fond/tennis de table. Ils doivent, de plus, s'inscrire à l'une des épreuves facultatives suivantes : judo, tennis, natation de distance, *gouren* (lutte bretonne), danse : chorégraphie individuelle (à ne pas confondre avec l'épreuve « art danse »)...

Des épreuves spécifiques sont dédiées aux personnes handicapées.

Des épreuves facultatives à profusion

C'est en 1941 que sont créées les épreuves facultatives. Leur régime est simple : s'y inscrit qui veut, et seuls les points supérieurs à la moyenne sont comptabilisés. En plus du sport, ces épreuves sont les suivantes : dessin, interrogation supplémentaire sur les mathématiques (uniquement pour les garçons), interrogation supplémentaire sur les sciences physiques (uniquement pour les garçons), musique (uniquement pour les filles), enseignement ménager (uniquement pour les filles ; cette épreuve, qui s'ouvrira aux garçons, sans en intéresser aucun, va exister jusqu'en 1985).

Aux disciplines prévues à la création des épreuves facultatives sont venues s'ajouter quantité de matières – notamment des langues, vivantes ou anciennes – qui rendent l'organisation de l'examen complexe et lourde. Depuis les années 1980, les candidats peuvent présenter des travaux manuels, mécanique ou menuiserie. Puis les candidats ont eu la possibilité de présenter en option facultative des matières traditionnellement pratiquées dans le cadre d'ateliers, théâtre, club photo, cinéma, orchestre, histoire de l'art, danse, etc. Dans ce domaine – le nombre des options au bac –, la France a longtemps battu des records.

Ces épreuves ne comportant aucun risque – ne comptent que les points au-dessus de la moyenne –, et ayant à certains moments été affectées d'un coefficient 2 ou 3, beaucoup de candidats tentaient leur chance. En 1993, par exemple, dans les trois académies de la région parisienne, 82 % des candidats avaient passé au moins une épreuve facultative, 39 % en avaient présenté deux.

Dans le nouveau baccalauréat, en œuvre à partir de 2021, le poids des options facultatives va considérablement diminuer. Elles ne feront plus l'objet d'une épreuve en fin de terminale, mais seront incorporées dans les bulletins scolaires. Une option fait toutefois exception à cette règle : langues et cultures de l'Antiquité (LCA).

Autrement dit, le latin ou le grec ancien, indéboulonnables piliers du baccalauréat. Pour ces deux disciplines – et seulement pour elles –, les points au-dessus de 10 seront ajoutés, coefficient 3, au total du bac.

Dilatation des programmes

Marcel Proust avait joliment défini le programme de rhétorique : « un voyage circulaire d'Homère à Chénier en passant par Pétrone ».

Comme on lui disait, un jour, que le ministre de l'Instruction publique était fort occupé à la mise au point de nouveaux programmes d'enseignement secondaire, Clemenceau, chef du gouvernement, s'écria, en fronçant son sourcil broussailleux : « Il n'a donc pas mieux à faire, ce ministre ? Au lycée, de mon temps, on travaillait ou on chahutait. Quant aux programmes, on ne savait même pas s'il y en avait. On ne s'en occupait pas. On s'occupait du professeur : il était bon ou mauvais ; faisait travailler ou laissait chahuter. »

Par rapport à la vision élégante de Proust, au bon sens de Clemenceau – qui l'un et l'autre, chacun dans son genre, donnent la mesure de l'intelligence et de la culture –, les programmes actuels ont tendance à prendre un caractère monstrueux. Depuis deux cents ans, les connaissances dans tous les domaines s'accumulent, il y a de plus en plus de savants, de chercheurs, plus rien n'échappe, dans aucun domaine, à la curiosité humaine, il s'écrit de plus en plus de livres, et tout cela finit dans les programmes scolaires, encyclopédie à l'état pur. Ce qu'il faut théoriquement connaître pour réussir au bac est proprement phénoménal. « Tout tout tout, écrit malicieusement Samira El Ayachi. Il faut tout connaître depuis que la Terre existe. À quoi ça sert ? C'est ridicule. Ben ouais, mais c'est au programme. Et un programme, ça ne rigole pas, madame » (*La Vie rêvée de mademoiselle S.*, 2007).

Bon courage aux nouveaux candidats !

Le bac vaut-il encore quelque chose ?

Longtemps les critiques du baccalauréat ont porté sur l'examen lui-même. Les uns lui reprochaient son élitisme, les autres se plaignaient du principe de l'examen, consistant à apprendre par cœur des connaissances et à les restituer et favorisant la pratique du « bachotage ». Quelques-uns, à l'image de Jean Macé (1815-1894), fondateur de la Ligue de l'enseignement, joignaient les deux critiques. En 1885, il exigeait de « déblayer le terrain par où on y arrive [au baccalauréat] de cet amas indigeste de connaissances hétérogènes à s'ingurgiter hâtivement, parmi lesquelles le grec et le latin font la pièce de résistance, inabordable aux profanes ». Beaucoup, dès cette époque, demandaient la suppression pure et simple du baccalauréat, Émile Combes en 1896, Aristide Briand dix ans plus tard. Au début des années 1950, Michel Debré, alors sénateur, faisait la même proposition. L'idée réapparaît sous la Ve République : le bac est plein d'inconvénients, il ne sert à rien, supprimons-le.

À partir des années 1980, l'angle des critiques a changé. Les détracteurs du baccalauréat ne s'attaquent plus au diplôme en tant que tel, au contraire le défendent, et regrettent le niveau que lui ont fait atteindre, réunis, massification, réformes permanentes et esprit moderniste ou pédagogiste. Le baccalauréat, « pilier de notre système éducatif, à la fois consécration d'études secondaires d'un niveau acceptable et sésame de nombreuses formations universitaires », pour reprendre les mots du *Figaro* (15 février 1983), est menacé par toutes sortes de dysfonctionnements de l'éducation, par le « nivellement catastrophique » et « l'égalitarisme », régulièrement dénoncés par Guy Bayet (1928-1990), longtemps président de la Société des agrégés.

À cette époque – les années 1980 –, on commence à parler de la baisse notable du niveau des candidats, en particulier en français – fautes d'orthographe, pauvreté du vocabulaire, expression de plus en plus défaillante. Face à ces faiblesses, on demande aux correcteurs, d'abord officieusement, puis officiellement, d'être indulgents, de ne pas tenir compte de l'orthographe, d'admettre des faiblesses de forme, etc. Agacés par cette évolution de leur métier, beaucoup de professeurs mettent régulièrement sur la place publique – dans la presse, sur leur blog – les recommandations reçues des autorités académiques, leur demandant de se garder de « toute exigence excessive », « de n'attribuer de note inférieure à 6 qu'après mûres réflexions et seulement en cas de défauts fondamentaux, en particulier de langue ». En 2015, l'Éducation nationale invite les correcteurs du bac « à être indulgents en matière de fautes ». Ils sont conviés à éviter le décompte systématique des fautes qui, selon un des responsables du service des examens du ministère, « aboutirait à des 2 ou 3 sur 20 pour de très nombreux élèves ». La consigne donnée aux correcteurs dans la plupart des académies est de sanctionner « de deux points au maximum une orthographe très incorrecte ».

À la décharge des élèves, l'Administration ne donne pas toujours l'exemple d'une orthographe irréprochable. En 2015 ont ainsi été signalées ces deux convocations, aux épreuves de français du bac : « Aucun résultat ne sera communiqu**er** par téléphone. Aucun numéro d'inscription ne sera communiqué au candidat qui ne pourra pas consulter ses notes » (académie de Besançon), et au brevet des collèges : « L'utilisation des portables, **S**martphones ou tout autre appareil électronique est strictement interdite**s** » (académies de Créteil-Paris-Versailles), qui ne permettent pas d'être ensuite très exigeant sur la qualité de l'orthographe des candidats…

Un des grands dénonciateurs de l'hypocrisie du baccalauréat, et de la baisse du niveau des candidats, baisse ignorée par les autorités académiques par idéologie, aveuglement, pour acheter une espèce de paix sociale, ou encore pour des raisons économiques, un élève de première ou de terminale coûtant cher, il importe de ne faire redoubler personne, etc., un des dénonciateurs de la dévaluation du baccalauréat, donc, est un professeur d'histoire et géographie de la région parisienne,

Ali Devine. Depuis des années, il publie régulièrement ce qu'il voit et entend dans les jurys du baccalauréat. L'acharnement avec lequel les autorités académiques s'emploient à dévaluer le diplôme est consternant. Deux exemples :

« Délibération ce matin dans un lycée du Val-de-Marne, pour des candidats de la prestigieuse série S. La présidente, une universitaire de Paris-VI, nous explique de façon liminaire que, dans ce jury, les candidats ont obtenu 25 points de moins que la moyenne académique, et qu'il faudra par conséquent les leur rajouter, à tous (je n'ai pas la présence d'esprit de demander si des consignes inverses ont été données aux jurys trop généreux). Vu les coefficients, cela signifie un point de plus en maths, et en physique-chimie, et en SVT, et en LV1. Je me penche vers mon voisin matheux : "Mais vous n'avez pas déjà donné un bon coup de pouce aux candidats ? – Si, on a noté sur 24", me répond-il placidement. Pour les candidats à qui il manquerait un peu plus de 25 points, on ne doit pas s'interdire de faire preuve d'indulgence, il faut regarder le dossier scolaire, valoriser les compétences. Dans un dossier, un collègue malicieux ou bienveillant a écrit, au sujet de l'un de ses élèves : "Est venu à presque tous les cours cette année", et je ne parviens pas à déterminer la dose d'ironie que contient cette appréciation laconique.

« La salle est d'abord rétive à cette opération d'hélitreuillage des résultats, mais juillet aidant, on finit par se laisser aller. Quand la présidente annonce au sujet d'un candidat arrivé à 9,37 de moyenne : "En automatique, c'est bon, il est admis", on ricane d'abord, on dit : "C'est les soldes d'été !" ou : "Offert par le rectorat !", mais au centième candidat on ne dit plus rien, on se contente de tamponner au rouge les copies amendées. [...]

« Demain, les candidats admis trépigneront de joie devant leurs noms inscrits au tableau. Leur famille les félicitera. Le ministère sera content. Moi... » (blog devine.over-blog.fr, 3 juillet 2014).

« La coordinatrice de notre jury a pour tâche de répercuter auprès de nous les consignes de M. l'inspecteur. Elle est de toute évidence très gênée car ce qu'elle a à nous transmettre ne correspond sans doute pas à ses convictions pédagogiques personnelles, et elle sait par ailleurs très bien que la demi-douzaine d'enseignants présents autour de la table ressentiront ce qu'elle est sur le point de nous dire comme une insulte à la profession. Plus que jamais, en effet, les consignes nous invitent à la plus grande bienveillance. Nous ne pouvons exiger des candidats qu'ils fassent preuve d'esprit critique dans leur lecture des documents, car le mot "critique" ne figure pas dans le libellé de l'épreuve. [...]

« Toutes les approches des sujets doivent être envisagées avec indulgence. [...]

« Comme chaque année, je ressors de cette réunion profondément démoralisé, ruminant de vagues projets de reconversion professionnelle. Au minimum, il faut que j'écrive à ma hiérarchie afin d'obtenir une dispense définitive de correction des copies du bac. Je suis pathologiquement malveillant » (site neoprofs.org, 21 juin 2017).

Ces commentaires amers, et cette réalité en définitive médiocre – ce diplôme avili par la lâcheté conjuguée des enseignants, des jurys, de l'Administration en tant que telle pour anéantir la valeur du diplôme, et accepter qu'il ne vaille rien et ne serve à rien –, cette débâcle intellectuelle et morale sont à rapprocher des beaux préceptes que donnait à la fin des années 1930 un des apôtres du système méritocratique, l'ineffable Jean-Benoît Piobetta : « Avec la sanction nécessaire et juste, j'aimerais qu'on emploie les moyens propres à faire naître et à développer chez l'élève le sens du scrupule, la délicatesse de conscience, la finesse de sentiments, la probité, l'honnêteté, la franchise, le courage, le goût du sacrifice, la fermeté de caractère, bref, toutes les hautes qualités morales et sociales qui constituent l'éducation de l'homme d'élite. Voilà une tâche à laquelle il faut se donner de toute son âme, tâche supérieure à toutes les autres et plus urgente que jamais » (*Vues sur l'éducation française*, 1940).

Voilà d'où nous sommes partis, et où nous en sommes.

Finalement, conclut aujourd'hui Catherine Pauchet, « il faut beaucoup de mauvaise volonté à un élève pour décevoir une institution qui s'échine à lui offrir le diplôme » (*Faut-il supprimer le bac ?*, 2008). En 1992, Jack Lang y était même allé d'une proposition saugrenue, offrir aux candidats malheureux la possibilité de conserver leurs notes au-dessus de la moyenne pendant cinq ans. Idée promptement retirée, mais reprise en 2019 par Jean-Michel Blanquer : dans le nouveau bac, les élèves recalés n'auront à repasser que les matières où ils auront obtenu une note en dessous de la moyenne…

Une question se pose : pourquoi ? D'où vient l'acharnement suicidaire de l'institution à dévaluer le niveau du baccalauréat ? Il paraît, à titre individuel, que certains enseignants ne veulent plus mettre de notes sous la moyenne par peur du ressentiment ou des agressions. Soit. Mais collectivement ? À l'examen ? Quel inconvénient réel y aurait-il à restaurer des taux d'échec significatifs ? Cela rendrait de la valeur au diplôme, de la dignité à ceux qui l'obtiennent et à ceux qui y préparent. À quoi rime d'attribuer en très grand nombre un diplôme dont nul ne peut ignorer qu'il est dévalué, et ne sert pas à grand-chose ? Claude Lelièvre, à propos des trois types de bac, général, technologique et professionnel, avait parlé de « Sainte Trinité ». Voici un autre mystère, intéressant et insondable : l'obstination officielle à nier la dévaluation d'un diplôme – et à orchestrer cette dévaluation –, et les louanges rituelles que chaque année s'attribuent rectorats et proviseurs – voire les responsables politiques régionaux – devant les taux de réussite, dignes d'une élection soviétique, de leurs élèves au baccalauréat. Inconséquence ? Aveuglement ? Stupidité ? Perversité ? Cynisme ?

Si les causes de ce phénomène sont mystérieuses, ses effets sont connus, et clairs. Première conséquence : ceux qui en ont les moyens s'efforcent de contourner le système. Dans son roman *Panne de secteur*, Philippe B. Grimbert évoque les tentatives par de bons bourgeois aisés et informés d'échapper au système – la sectorisation des collèges et des lycées, qui les a obligés à inscrire leur fille dans « un collège de merde » –, pour assurer à leur bambin les meilleures chances de réussite dans la vie. Le récit est une suite de péripéties pour tenter d'inscrire la jeune fille dans un « bon » collège, pour avoir accès à un « bon » lycée, puis à de « bonnes » classes préparatoires… Et pour cela se débrouiller pour domicilier l'enfant dans un « bon » secteur géographique. Ce qui n'est pas forcément le plus simple.

Le naufrage de l'Éducation nationale – pour voir le verre à moitié vide – et en particulier du système du baccalauréat est masqué par un phénomène vieux comme le diplôme, sinon comme le monde : tous les baccalauréats ne se valent pas. Au grand dam de tous les ministres de l'Éducation nationale, qui mettent en avant cette raison pour motiver leur réforme de l'enseignement secondaire, il y a bel et bien, qui ne s'efface pas, qui ne se faiblit pas, qui s'organise, une hiérarchie entre les baccalauréats. Hiérarchie entre les catégories de bac (général, technologique, professionnel). Hiérarchie entre les séries, quand ces séries existaient ; il est à craindre qu'elles ne se reconstituent, par des choix de spécialités, avec la nouvelle formule du bac : lors de l'entrée en première générale, opter pour les enseignements de spécialité de mathématiques, physique-chimie et sciences de la vie et de la Terre permet de reconstituer un parcours de type S. Hiérarchie entre les établissements qui préparent au baccalauréat, les responsables de l'enseignement supérieur – comme les parents d'élèves, comme les enseignants – n'ignorant pas qu'il y a de « bons » lycées et qu'il y en a de moins bons. Pour preuve les classements des lycées, périodiquement proposés par la presse magazine, précisément parce que nul n'ignore que les différences entre les lycées sont une réalité. La dernière réforme du baccalauréat parviendra-t-elle à effacer ce phénomène ? C'est peu probable, tant « la hiérarchie des filières correspond à des réflexes sociétaux très profonds », pour reprendre l'analyse d'Alain Boissinot, haut fonctionnaire au ministère de l'Éducation nationale.

Face à la dévaluation du diplôme, les meilleurs élèves et ceux qui connaissent le mieux le système – à commencer par les enfants des professeurs – s'organisent pour recréer, sinon des filières d'élite, du moins un parcours scolaire qui leur garantisse un baccalauréat et une scolarité post-baccalauréat de qualité. Ce qui passe par le choix d'un établissement, ce qui passait autrefois par le choix des filières, maintenant par le choix des enseignements de spécialité.

Dans une tribune intitulée « Le bac, usine à crétins diplômés » parue dans *Libération* le 23 juin 2003, Sylvain Reboul, professeur de philosophie, résumait ainsi la situation : « Parler d'égalité pour justifier le bac dans sa forme actuelle est au mieux une naïveté dommageable à l'évolution des conditions d'un enseignement démocratique visant à former l'intelligence et des têtes bien faites plutôt que pleines et encombrées le jour de l'examen. Au pire, c'est une hypocrisie destinée à couvrir un système élitiste et antidémocratique dont ses promoteurs, y compris enseignants, espèrent tirer profit à travers la réussite de leurs propres enfants, mieux préparés que les autres. »

Tout cela donne tort aux espérances de René Haby, ministre de l'Éducation nationale sous la présidence de Valéry Giscard d'Estaing, créateur du « collège unique ». « Après tout, estimait-il, l'école, le collège doivent enseigner et transmettre des connaissances, mais à ceux qui peuvent les acquérir. Peut-on dire que la mission de ces établissements, la mission sociale de ces établissements, se réduit à cela ? Je n'en suis pas sûr, en tout cas, j'en suis de moins en moins sûr. Je pense que pour des élèves en difficulté, pour ceux qui ne savent pas lire, la ségrégation est peut-être beaucoup plus négative que l'intégration dans une "classe normale", même si on admet que ces enfants ne comprendront pas un mot lorsqu'ils liront Montaigne, ou en tout cas, pas grand-chose. Ils sont cependant dans une société scolaire qui fonctionne, ils y ont une place, ils ne sont pas des exclus. Ils entendent tout de même certaines bribes qui peuvent leur apporter quelque chose. Ils entendent parler français, un français correct. Le professeur fournit un modèle de comportement, de volonté, de travail... » Avec cinquante ans de recul, cette grande espérance intégratrice – et cette belle illusion – n'a malheureusement pas porté tous ses fruits.

Un autre effet déplorable de la dévaluation du niveau du baccalauréat doit être constaté dans l'enseignement supérieur, embouteillé. Si les recalés au bac ont un avenir scolaire bouché, ceux qui ont obtenu le précieux sésame ne sont pas pour autant au bout de leurs peines. Il y avait 700 000 étudiants en 1968, ils sont quatre fois plus nombreux cinquante ans plus tard. Combien, là au milieu, de bacheliers déçus et frustrés, d'abord parce qu'ils ne parviennent pas à s'inscrire où ils auraient aimé, ensuite parce qu'ils réalisent que rien ne les a préparés à l'enseignement supérieur, ayant tout à la fois de la peine à s'exprimer à l'écrit, des difficultés d'assimilation et de compréhension, autrement dit des difficultés intellectuelles et un total manque d'entraînement, et qu'ils se retrouvent, de gré ou de force, éjectés par le système ? La France est régulièrement mal placée au classement PISA, programme international pour le suivi des acquis des élèves, ensemble d'études menées par l'Organisation de coopération et de développement économiques, visant à mesurer les performances des systèmes éducatifs des pays membres et non membres. S'ensuivent, à l'université, découragement et manque de motivation des enseignants, un énorme gâchis, matériel et humain.

Finalement, en permanence réformé, sans cesse remis en cause, le baccalauréat en tant que tel peine à demeurer le symbole de réussite sociale qu'il a longtemps été. Tout dépend de la filière présentée, de l'établissement où il a été préparé, des notes obtenues – pendant la scolarité autant qu'à l'examen. Les taux d'échec en première année d'université rappellent que le diplôme n'est pas la clef magique donnant accès à l'enseignement supérieur.

Alors, le baccalauréat vaut-il encore quelque chose ? Il n'y a qu'à poser la question à tous ceux qui aimeraient avoir le diplôme et ne l'ont pas eu. Ceux-là voient bien toutes les portes qui leur sont fermées du fait de l'absence du sésame en question : la valeur juridique du diplôme est intacte. La valeur symbolique de ce rituel de passage qui introduirait dans le monde des adultes et dans la communauté nationale est éminemment variable selon les personnes, leur histoire, leur milieu, très importante pour les uns, purement formelle pour d'autres. Pour le reste, la fonction « certificative » du baccalauréat, tout laisse à penser que le niveau moyen des bacheliers, au fil de ces dernières années, tend à baisser, que du moins certains savoirs de base (orthographe, syntaxe, calcul, histoire), certaines fonctions intellectuelles fondamentales (analyse, réflexion, compréhension, esprit de synthèse, expression) sont de moins en moins bien maîtrisées. Baisse qui trouve son explication dans les dix ou douze années de scolarisation qui ont précédé le baccalauréat. En revanche si on observait le niveau des 2 ou 3 % des meilleurs candidats au baccalauréat, on constaterait probablement qu'il est strictement identique à celui de leurs camarades bacheliers diplômés cent ans plus tôt, à l'époque où dans une tranche d'âge il n'y avait que 2 ou 3 % de bacheliers. Comprenne qui pourra.

Donc vive le bac, si l'on veut, mais à condition de le réformer, et de lui rendre ses mérites.

2021
Le nouveau baccalauréat

Le baccalauréat a fini par faire partie, sinon des fiertés, du moins des caractéristiques de l'identité française. Le diplôme se range quelque part entre le champagne, le jambon-beurre, les châteaux de la Loire, Molière, le Tour de France… Une institution. À ce titre presque intouchable. Du moins difficilement réformable. Alors qu'il n'échappait à personne, depuis trente ou quarante ans, et surtout pas aux successifs ministres de l'Éducation nationale, qu'une réforme en profondeur du baccalauréat était indispensable, l'examen peinant à remplir les fonctions qui lui étaient assignées.

Le baccalauréat a toujours été critiqué, toujours réformé, ses réformes ont toujours été entourées de passion. Cela a longtemps rendu les réformes de ce monument national difficiles, pour ne pas dire impossibles.

De fait, réformer le baccalauréat, c'est mettre en péril toutes les corporations qui tirent profit de la situation existante, professions organisées en lobbies – à l'intérieur de l'Éducation nationale et sachant porter leur cause sur la place publique et mobiliser des renforts. Réformer le bac, c'est, politiquement, courir le risque d'un bras de fer avec les syndicats enseignants, puissants et redoutés. Qui est prêt à cette aventure ? Qui est prêt à cette œuvre de longue haleine, une refondation du baccalauréat ? Longtemps les ministres – de tous les bords – se sont bornés à des mesures insignifiantes, comme renommer les séries A, B, C pour les transformer en L, ES et S, tout en flattant tout le monde, pour acheter la tranquillité de la rue…

Dans son roman, plusieurs fois cité, *Le baccalauréat n'aura pas lieu*, Guy Bourgeois, pour éviter la catastrophe qui servait de point de départ à son livre, suggérait plusieurs pistes : simplifier l'examen, instituer un « bac à la carte » permettant aux lycéens de choisir un nombre limité d'« options majeures » et d'« options mineures », enfin introduire une part de contrôle continu dans l'évaluation des candidats. C'était en 1989. En 2018, les préconisations du rapport de Pierre Mathiot, directeur de l'Institut d'études politiques de Lille, chargé par le ministre de l'Éducation nationale d'une mission sur la réforme de l'enseignement secondaire et du baccalauréat, ressemblent comme deux gouttes d'eau aux recommandations esquissées trente ans plus tôt. C'est ce rapport qui a servi de base à la réforme du baccalauréat conduite par Jean-Michel Blanquer, ministre actuel de l'Éducation nationale.

À partir de 2021, le baccalauréat général comprend des enseignements communs, en première et en terminale (environ seize heures par semaine) :

français, philosophie (en terminale seulement), histoire-géographie, enseignement moral et civique, langues vivantes, éducation physique et sportive, enseignement scientifique (code intelligence artificielle, bioéthique, grands enjeux environnementaux). Les candidats doivent, de plus, choisir des enseignements de spécialité, trois en première, deux en terminale (douze heures par semaine), à choisir parmi : arts (histoire des arts, théâtre, arts plastiques, arts du spectacle, etc.) ; biologie, écologie ; histoire géographie, géopolitique et sciences politiques ; humanités, littérature et philosophie ; langues, littératures et cultures étrangères ; littérature, langues et cultures de l'Antiquité ; mathématiques ; numérique et sciences informatiques ; physique-chimie ; sciences de la vie et de la Terre ; sciences de l'ingénieur ; sciences économiques et sociales. Sont également prévus des enseignements optionnels (trois heures hebdomadaires).

L'examen comprend des épreuves finales (60 %) et prend en compte le contrôle continu (40 %). À la fin de la première, les candidats passent une épreuve anticipée de français (écrit et oral), à la fin de la terminale, ils présentent quatre épreuves finales : deux épreuves écrites sur les enseignements de spécialité (en mars), une épreuve écrite de philosophie et un grand oral d'une vingtaine de minutes (en juin). Le contrôle continu est fondé sur des épreuves communes organisées au cours des années de première et de terminale et sur le contrôle continu du travail en cours d'année, tel qu'il apparaît sur le livret scolaire.

Les protestations contre le nouveau baccalauréat n'ont évidemment pas manqué. Ces protestations ont été masquées, amorties par la situation sanitaire. Les enseignements ont également été perturbés, comme les examens terminaux. Il est trop tôt pour porter un jugement sur ce « nouveau bac ». Du moins peut-on en entrevoir les caractéristiques recherchées : baccalauréat moins lourd à organiser, moins solennel, moins stressant pour tous, qui a fait disparaître la hiérarchie entre les filières – puisque les filières du baccalauréat général ont disparu –, etc.

En 2020, à cause de l'épidémie de Covid, le baccalauréat n'a pas rempli une de ses fonctions appréciées : cette année-là, les bacheliers n'ont pas connu ce rite de passage. L'épidémie terminée, le baccalauréat va-t-il dans ses nouveaux habits retrouver cette fonction rituelle et symbolique ? Nul ne peut le dire. Ce qui est également difficile à prévoir, c'est la fonction d'orientation de l'examen : le nouveau baccalauréat règlera-t-il mieux l'accès à l'enseignement supérieur, et permettra-t-il d'y supprimer, en première année de faculté, les taux d'échec catastrophiques, démoralisants et coûteux ? À voir. Au départ décrié, le système Parcoursup, nouvelle plateforme pour l'affectation des vœux des élèves de terminale, semble sur ce plan rendre de bons services.

Toujours est-il que le nouveau baccalauréat, version 2021, a introduit une innovation singulière : après toutes sortes d'épreuves, terminales ou réparties au cours des deux dernières années de lycée, après un méticuleux contrôle continu des connaissances, l'examen se termine désormais par un grand oral. Épreuve initiatique s'il en est. Sans doute s'agit-il d'une manière de renouer avec l'origine napoléonienne du baccalauréat, quand l'examen ne comportait qu'une seule épreuve, précisément un grand oral.

L'histoire du baccalauréat continue.

Table

DEUXIÈME PARTIE

Le baccalauréat dans la vie des Français. XIXᵉ-XXᵉ siècles

TROISIÈME PARTIE

Le baccalauréat aujourd'hui.
Évolution depuis 1945

Pour en savoir plus
sur les Éditions Plon
(catalogue, auteurs, vidéos, actualités...),
vous pouvez consulter
www.plon.fr
www.lisez.com

lisez!

et nous suivre sur les réseaux sociaux

Editions Plon

@EditionsPlon

@editionsplon

MIXTE
Papier issu de sources responsables
FSC® C003309
FSC
www.fsc.org

L'éditeur de cet ouvrage s'engage dans une démarche
de certification FSC® qui contribue à la préservation
des forêts pour les générations futures.

Pour en savoir plus :
www.editis.com/engagement-rse/

CET OUVRAGE
A ÉTÉ ACHEVÉ D'IMPRIMER
SUR ROTO-PAGE
PAR L'IMPRIMERIE FLOCH
À MAYENNE EN AVRIL 2021

N° d'impression : 98198
Imprimé en France